育英科技课程系列丛书

丛 书 主 编　于会祥
丛书副主编　梁秋颖

初中数学建模
学生自主探究成果集

主编　孙宇阳　丁曼旎
参编　强　荣　詹　静

机械工业出版社
CHINA MACHINE PRESS

本书是"育英科技课程系列丛书"之一，是《初中数学建模》的配套图书。本书是根据《义务教育数学课程标准（2022年版）》的要求开展的数学实践活动课程而取得的成果，包含几何模型、比例模型、方程模型、最优化模型、函数模型、统计模型、其他模型七类模型，47个成果，既有学生在学习《初中数学建模》之后根据拓展题目建模的成果，也有学生根据自己的兴趣爱好进行自主探究的成果，主要突出数学的"趣""美"和"实用"。

本书涉及的数学模型的特点是简单、易于理解和应用，既适合初中生学习和实践，也可供初中数学教师指导学生探究时参考。

图书在版编目（CIP）数据

初中数学建模：学生自主探究成果集/孙宇阳，丁曼旎主编. -- 北京：机械工业出版社，2024.7（2025.1重印）.

(育英科技课程系列丛书/于会祥主编). -- ISBN 978-7-111-76457-1

Ⅰ. G633.602

中国国家版本馆CIP数据核字第2024NS9064号

机械工业出版社（北京市百万庄大街22号　邮政编码100037）

策划编辑：熊　铭　　　　　责任编辑：熊　铭　张蕴哲
责任校对：张爱妮　陈　越　责任印制：张　博
北京联兴盛业印刷股份有限公司印刷
2025年1月第1版第2次印刷
184mm×260mm · 16.75印张 · 270千字
标准书号：ISBN 978-7-111-76457-1
定价：79.00元

电话服务　　　　　　　　　网络服务
客服电话：010-88361066　　机　工　官　网：www.cmpbook.com
　　　　　010-88379833　　机　工　官　博：weibo.com/cmp1952
　　　　　010-68326294　　金　书　网：www.golden-book.com
封底无防伪标均为盗版　　机工教育服务网：www.cmpedu.com

育英科技课程研究小组

丛书序

科学教育是关乎全局和未来的大事。回望历史，科学打开了人类进步的大门。如果没有科学，人类可能仍然行走在黑暗之中，整日忙于生计却仍难以果腹，更无法摆脱愚昧的枷锁。展望未来，新一轮科技革命和产业变革正在重构全球创新版图、重塑全球经济结构。科技进步不仅改变着我们所处的世界，也深刻影响着国家前途命运和人民生活福祉。中小学阶段是孩子成长的拔节孕穗期，也是树立科学信念、增强科学素养的关键时期，这一阶段对于深化拔尖创新人才早期培养、构建支撑科技自立自强的人才链具有重要意义。

如何做好科学教育，已经成为摆在每一所中小学学校面前的时代课题。2023年5月，教育部等十八部门联合印发了《关于加强新时代中小学科学教育工作的意见》，文件明确指出，推动中小学科学教育学校主阵地与社会大课堂有机衔接，提高学生科学素质，培育具备科学家潜质、愿意献身科学研究事业的青少年群体，培养社会主义建设者和接班人。

北京育英学校从西柏坡一路走来，在赓续红色基因的同时，将科学教育作为为党育人、为国育才的重要抓手，专门成立跨学科教研团队，汇集数学、物理、化学、生物学、劳动、历史、信息科技、科学等学科的优秀师资力量，持续推进科技课程建设，实施启发式、探究式教学，探索项目式、跨学科学习，成功走出了一条科学教育特色办学之路。2023年5月31日，习近平总书记在育英学校考察时指出，科学实验课是培养孩子们科学思维、探索未知兴趣和创新意识的有效方式。总书记希望同学们从小树立"科技创新、强国有我"的志向，当下勇当小科学家，未来争当大科学家，为实现我国高水平科技自立自强作贡献。

我曾经沿着总书记的足迹到育英学校调研，从学生农场到科学教室，从课程教学到校园文化，边走边看，边学边悟，深刻感受到科学教育在这里深深扎根、悄然开花的育人魅力。在育英学校，学生可以在农作物种植中学习科学，可以在过山车实验中探究科学，甚至在教学楼后面还专门设有一处名为"科技苑"的活动区，学生可以利用课余时间，通过声聚焦、比扭力等30余件科技互动室外实验装置体验科学……

在育英学校调研时，育英学校于会祥书记讲了一个发人深省的育人故事。十多年前，学校有一名学生，他从小就非常喜欢研究昆虫，立志成为中国的法布尔。然而，爱好昆虫的他却受到了个别教师的一些质疑，认为他不以学业为重，不务正业。学校为了更好地保护他的好奇心、探求欲，激励更多学生爱科学、学科学、用科学，专门为他建造了一间开展昆虫研究的实验室，并以他的名字来命名。学校的支持与鼓励极大地激发了他的科学热情，他率先成立了昆虫社团，并最终顺利考入了心仪的大学。如今，育英学校已经拥有100多个学生自主社团，其中42个是科技社团。科学的种子正在一批又一批的育英学子心中生根、发芽、开花、结果。

经过长期探索与实践，育英学校科学教育体系化建设取得了显著成效，科技课程设置、教学创新、资源开发、环境营建等浑然一体，"做中学""玩中学"蔚然成风。在此基础上，"育英科技课程系列丛书"应运而生。它绝不是一套浅尝辄止的资料汇编，而是一份凝结了师生智慧、历经实践检验的行动指南。它对于中小学学校在"双减"政策背景下如何做好科学教育加法具有重要的借鉴和指导意义。

"育英科技课程系列丛书"内容丰富，第一期共有9个分册，努力做到了课程与配套资源的互补，保证学生在课上和课下的学习都能得到全方位的支持。目前，育英学校将科技课程纳入课表，作为正式课程实施，面向每一位学生开展跨学科教学和实践育人活动，以师生行动助推科学教育不断完善和优化。

其中，《综合科学》有4个分册，重点关注学生怎么学，遵循"知—思—行—达"目标体系，以学生为主体，在内容和方法上培养学生的创新思维和创新能力。考虑到不同层次学生的学习需求，我们根据项目任务的难度和复杂程度对项目进行了分类，并依据解决每一个项目问题所用的思维方法确定主要的表现性任务，进阶地设计了不同级别的课程。在这一过程中，教师不仅是学习的指导者，还是学习过程的评估员。项目注重运用评价量规进行过程性评估和结果检测，以监督学生实实在在地开展综合性学习实践。

《科学研究指南》分册以科学研究的基本流程为内容，为学生进行自主探究提供帮助。整体框架以科学研究流程为基础，涵盖了提出问题、进行猜想与假设、制订计划与方案、收集与整理数据、分析与总结、得出结论、形成成果以及展示成果等环节。学生只需阅读全书并根据提示将思考记录下来，就能在不知不觉中完成一次完整的科学研究。

《综合科学 学生自主探究成果集》分册是在学生完成《综合科学》学习之后，以学生自主探究思考与实践所取得的成果为主要内容的30个作品集锦。

《初中数学建模》分册从初中数学内容出发，给出了15个数学模型案例，这些案例旨在培养学生运用数学语言描述实际问题，运用数学知识和信息技术手段分析和解决实际问题，从而激发学生数学学习和探究科学的内生动力，增强他们的科学创新能力。

《初中数学建模 学生自主探究成果集》分册是在学生完成《初中数学建模》学习之后，以学生自主探究思考与实践所取得的成果为主要内容的47个作品集锦。

《Python基础探究》分册由《Python基础探究 学习指南》和《Python基础探究 实践指南》组成，从学生的思维发展入手，引导学生去主动思考、构建逻辑、创新实践，让学生在自己的主动思考中获得成就。《Python基础探究 学习指南》以问题探究的方式引导学生带着疑问主动学习，在掌握基础知识的同时建立兴趣、厘清思维逻辑。《Python基础探究 实践指南》以项目实践的方式，引领学生带着知识和技术走进生活中的实际情境，探究使用计算机程序设计创造性地解决问题的方法。

"日出江花红胜火，春来江水绿如蓝。"科学教育的春天扑面而来，我们要抓住机遇、乘势而上，从育英学校的科技教育实践中汲取智慧、积蓄力量，因地制宜构建科技课程与资源体系，创新课堂教学方式，深入实施启发式、探究式、项目式学习，广泛开展丰富多彩的学生科技社团与兴趣小组活动，引导学生培养科学精神、增强科技自信自立、厚植家国情怀，编织当科学家的梦想，为中国式现代化提供有力的人才支撑。

中国教育科学研究院

曹培杰

数学是科研人才的必备基础工具。数学建模是一种独特的数学问题思考思路。通过将抽象的数学知识和数学语言形象化、具体化，将它从复杂信息中进行提炼，将复杂问题简单化，使混乱问题有序化，从而运用数学知识解决具体实际问题，体现了数学的应用价值。

数学建模能力（思想）是个体成为满足社会需要的人才的必备技能，是将来能够在各行业取得竞争优势的关键能力。《义务教育数学课程标准（2022年版）》明确指出，模型思想的建立是学生体会和理解数学与外部世界联系的基本途径，有助于培养学生对于数学的应用意识。

本书是根据《义务教育数学课程标准（2022年版）》的要求开展的数学实践活动课程而取得的成果，既有学生学习《初中数学建模》之后根据拓展题目建模的成果，也有学生根据自己的兴趣爱好进行的自主探究的成果。这些内容的目的都是培养学生应用数学知识解决实际问题的能力，提高学生发现问题、提出问题、分析问题和解决问题的能力，从而提高学生的数学建模能力、逻辑思维能力和创新能力。

本书主要突出数学的"趣""美"和"实用"。

本书中数学的"趣"主要体现在选题内容来自于学生感兴趣的话题，旨在引导学生用数学的眼光看世界。学生的作品中聚焦世界杯、亚运会、旅游、乐器等生活中常见的热点，也涉及滑雪、打篮球、滑冰和引体向上等学生喜爱的运动项目，这些内容既突出了选题的趣味性，也体现了数学时刻陪伴着我们，只要我们用数学的眼光看世界，就会发现数学无处不在。

本书中数学的"美"体现在学生学会了用数学知识进行艺术创作，学生用数学知识和信息技术不仅创作了雪花、地毯、迷宫、树、海岸线等成果，还用数学的眼光观察城市的布局美，用数学知识进行编曲时体会了用调式表达情感的音乐美……学生在创作的过程中感性和理性并存，感受别样的数学美。

本书中数学的"实用"体现就更多了。**首先，**学生体会到了数学的有用。他们用数学知识建立模型，指导实践，提高了体育技能、音乐技能、逃生生存技能，还学会了用数学知识来提高生活技能，如"双十一"购物是否实惠、买房子看采光、包装的奥妙、邮递员如何投递效率更高等。经历了这些探究过程，学生体会到了数学的实用性——数学是基础，数学是可以用来解决实际问题的。这一过程不仅提升了学生的自主学习能力、逻辑推理能力、创新能力、实践能力和动手能力，也增强了学生学习数学的自信心和勇气。除此之外，本书是学生的成果展示，也希望其他学生向同伴学习，用数学的眼光观察世界，用数学的思维思考世界，用数学的语言描述世界。**其次，**老师和家长也能从中体会到数学有用。这些探究成果可以帮助数学教师预测学生的学情，借鉴学生的建模成果设计模型或学案；学生的语言通俗易懂，还可以帮助家长学习如何指导孩子去思考和探索。

初中生通过学习数学建模，提升了数学素养，提高了解决实际问题的能力，为自己后续学习和生活打下了坚实的基础。

其中，成果1、2、4、7、8、11、12、13、14、15、19、20、21、23、25、26、28、29、30、31、32、34、35、40、41、42、47由孙宇阳老师指导；成果3、5、6、9、10、22、24、27、33、36、43、44、45、46由丁曼旎老师指导；成果16、17、18、37由强荣老师指导；成果38、39由詹静老师指导；全书由孙宇阳老师统稿。

在此特别感谢在跨学科探究中提供音乐方面指导的李轩老师和吴佳丽老师。

目录

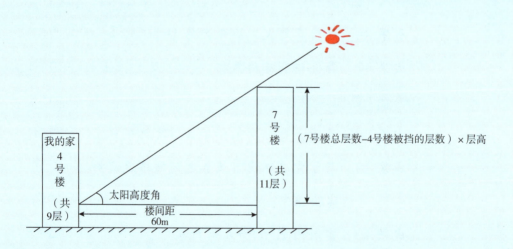

类型 一

几何模型

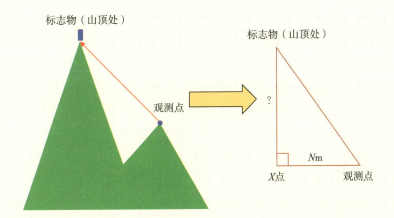

成果 1　三角形里堆放圆的问题探究

徐嘉牛

🔍 问题背景

在日常生活中，我们经常能见到不同形状精美的包装，如图1-1所示。其实这些包装在设计时，除了美观之外还有一个非常重要的考虑因素，那就是填充率，也就是实际物体的体积和包装的体积比（可转化为面积比问题）。填充率越大，包装可容纳的物品体积和越大。

图　1-1

❓ 提出问题

下面我来探究包装填充率的一个很经典的问题：一个三棱柱形状的包装里最多能装多少个球？

⏰ 分析问题

三棱柱是立体图形，比较复杂，于是我想利用它的投影转化为二维图形来探究。假设三棱柱的底面三角形是一个等边三角形，而球的投影是圆。于是该问题就转化成"当用一个固定的等边三角形包装来包裹相同大小的圆时，其最大填充率是多少？"

建立模型

填充率 E 是实际物体的体积与包装的体积之比。问题转化后，我要探究的问题就是 N 个半径为 R 的圆的面积总和与等边三角形的面积（S）的比值，即：

$$E = \frac{N\pi R^2}{S} \times 100\%$$

让我们从最简单的问题入手，当只有 1 个圆的时候，一定是当这个圆和等边三角形的 3 条边都相切时，该圆的面积与等边三角形的面积的百分比达到最大，即填充率最大。

模型求解

当等边三角形中只有一个圆时，如图 1-2 所示，我假设等边三角形的边长为 1。根据正切函数计算出这个圆的半径 R，进而得出圆的面积；再根据正切函数计算出三角形的高 h，进而得出三角形的面积 S。根据圆的面积和等边三角形的面积 S，可以计算出填充率 E。

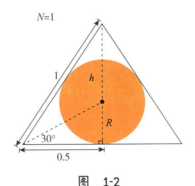

图　1-2

$$\tan 30° = \frac{1}{\sqrt{3}} = \frac{R}{0.5}$$

$$R = \frac{1}{2\sqrt{3}} = \frac{\sqrt{3}}{6}$$

$$\tan 60° = \sqrt{3} = \frac{h}{0.5}$$

$$h = \frac{\sqrt{3}}{2}$$

$$S = \frac{1}{2} \times 1 \times \frac{\sqrt{3}}{2} = \frac{\sqrt{3}}{4}$$

$$E = \frac{\pi R^2}{S} \times 100\% \approx 60.46\%$$

当等边三角形中有1个以上圆时，问题开始变得复杂。我们不妨来探究三角形中有3个圆的情况。当有3个圆时，每一个圆都必须和等边三角形的一条边相切才能达到最大的半径，如图1-3所示。

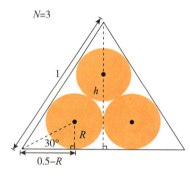

图　1-3

$$\tan 30° = \frac{1}{\sqrt{3}} = \frac{R}{0.5 - R}$$

$$R = \frac{1}{2\sqrt{3} + 2} = \frac{\sqrt{3} - 1}{4}$$

$$E = \frac{3\pi R^2}{S} \times 100\% \approx 72.90\%$$

同样的道理，我们可以来计算三角形中有6个圆的情况，如图1-4所示。

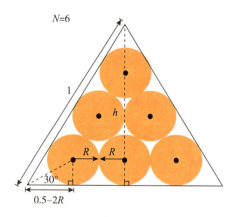

图　1-4

$$\tan 30° = \frac{1}{\sqrt{3}} = \frac{R}{0.5 - 2R}$$

$$R = \frac{1}{2\sqrt{3} + 4} = \frac{2 - \sqrt{3}}{2}$$

$$E = \frac{6\pi R^2}{S} \times 100\% \approx 78.13\%$$

随着等边三角形中圆数量的增加，圆的半径开始减小而填充率开始增大。那么当有 M 层的圆，也就是有 $\frac{M(M+1)}{2}$ 个圆时，如图1-5所示，我推导得到下面的关系。

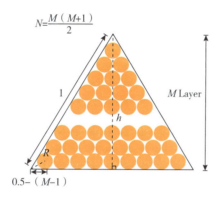

图　1-5

$$\tan 30° = \frac{1}{\sqrt{3}} = \frac{R}{0.5 - (M-1)R}$$

$$R = \frac{1}{2\sqrt{3} + 2(M-1)}$$

$$E = \frac{M(M+1)\pi R^2}{2S} \times 100\%$$

为了能够更好地研究圆的数量和填充率的关系，我用Python编写了一个程序，并将结果记录在表格中，如图1-6所示，同时，我也根据这些数据绘制了相应的曲线图，如图1-7所示。

在观察曲线图时，我发现了一个非常有意思的现象：当等边三角形中圆的数量大于1000以后，填充率的增长变得非常缓

数量（N）	层数（M）	半径（R）	填充率（E）
1	1	0.289	60.46%
3	2	0.183	72.90%
6	3	0.134	78.13%
10	4	0.106	81.00%
15	5	0.087	82.81%
21	6	0.074	84.05%
…	…	…	…
4950	99	0.005	90.27%
…	…	…	…
499500	999	0.0005	90.64%
…	…	…	…
49995000	9999	0.00005	90.68%
…	…	…	…

图　1-6

慢，甚至似乎停止了增长，这究竟是什么原因呢？

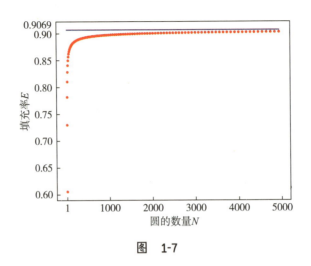

图 1-7

这个问题确实困扰了我一段时间，后来我突然联想起蜂巢的结构，才了解到其中的奥秘。当等边三角形中圆的数量非常多的时候，我可以近似地认为三角形内部的圆是按照六边形网格分布的。而之所以填充率无法增长，也是因为结构的原因，缝隙与圆的比例保持不变。其实无论是三角形还是其他多边形，当圆为无穷多的时候，最大填充率都应该是同样的数值。在具体计算上，填充率可以转化成 3个圆和1个正六边形的面积比，如图1-8所示。而经过计算，这个极限值约为90.69%，这与我用程序计算的结果相一致。

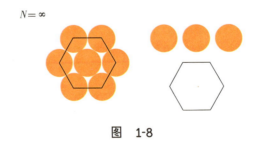

图 1-8

$$E = \frac{3\pi R^2}{6\frac{\sqrt{3}}{4}(2R)^2} \times 100\% = \frac{\pi}{2\sqrt{3}} \times 100\% \approx 90.69\%$$

我利用几何建模来探究三棱柱形状的包装问题，通过从简单的例子入手，进一步推导出圆的数量为无穷多的情况，发现了在等边三角形内装圆时，最大填充率的具体数值。

模型结论

我利用投影将三维的三棱柱装球的最大填充率问题转化为二维的等边三角形里装圆的最大填充率问题。经过Python程序和纸笔计算验证，得到等边三角形里装圆的最大填充率极限值约为90.69%。

模型收获

经过这次探究，我得到了等边三角形里装圆的最大填充率，体会到了数学很有趣，也很有用，而且我发现初中阶段三角形相关的数学知识自学起来很容易。

目前我的探究主要关注平面问题，但如果把三角形扩展成四面体，圆形扩展成球体，那么填充率又是多少呢？我想我会继续探究下去。

教师点评

本成果中，嘉牛同学从生活中的巧克力包装问题入手，思考球装箱的问题，在探究的时候将之转化为二维的等边三角形中装圆的问题进行探索，步步深入，体现了数学与生活的关联，体会到了数学的应用价值。在此过程中，需要通过Python编程来帮助实现画图和建模，提升了学生的实践创新能力和自学能力。

在探究过程中，嘉牛同学自主学习了三角函数、二次根式、勾股定理等知识，发现这些知识能迅速应用于实际问题，并体会到了教科书的易读和自主学习的乐趣。最重要的是，在探索中这种"打破砂锅问到底"的精神，将编程结果和理论寻求极值背后的道理结合起来，更增加了学术探究的味道，也让我们体会到了数学在实际问题中的应用和价值。

成果2　　　　　　　　箱子里装球的秘密

杨久昀

问题背景

　　一天，数学老师在课堂上提出了这样一个问题：去果园采摘时，商家会让我们用箱子或篮子装果实，如采摘苹果，不管装多少都是100元一箱，如图2-1所示，你会怎么办？

图　2-1

提出问题

　　如果价格一定，我想装得最满。如何装得最满呢？如果将苹果看成球，将之抽象成数学问题就是：一个箱子要装大小一样的球（球和箱子大小没有限制），问怎么装，箱子的填充率最高？

分析问题

　　箱子的填充率越高，说明剩余空间越小，也就是装得越满，填充率越高。可是箱子是什么样子的？球又是多大的呢？

建立模型

用数学问题来说，就是 $\dfrac{球的体积和}{箱子的体积}$ 的值越大，利用率越高。同时根据我现在所学的知识，先探究平面图形，再探究立体图形。

模型求解

1. 平面图探究

首先，家里的盒子大多数是长方形的，所以我想到先在同一长方形内进行试验，我想出了两种摆法（这里假设圆半径为6mm，长方形长为48mm、宽为33.3mm）。

第一种摆法：交叉摆放。我在最底层摆4个圆，第二层摆3个圆，第三层摆4个，一共可以摆11个圆，如图2-2所示。此时箱子的填充率就是所有圆的面积与长方形面积的比率，是 $6\times6\times\pi\times11\div（33.3\times48）\times100\%\approx77.79\%$。

第二种摆法：在摆放时我发现，只有两层全部在长方形内，再摆第三层的4个时就出图形了，所以只能摆8个，如图2-3所示。此时长方形的填充率就是 $6\times6\times\pi\times8\div（33.3\times48）\times100\%\approx56.58\%$，显然图2-1的摆法略胜一筹。（$\pi$取3.14）

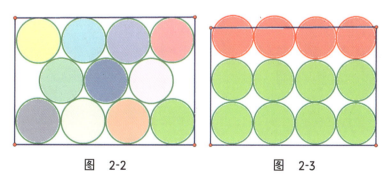

图 2-2   图 2-3

我们换一个思路：仍是在相同长方形内摆圆，当长方形的长不变、宽变成36mm时，它增加的宽度没有超过圆的直径，并且让圆的直径是长方形长和宽的公因数，即设圆半径为6mm，长方形长为48mm、宽为36mm。

这时候，还是用上述的两种摆法，第一种摆法只能摆11个，如图2-4所示。通过计算，长方形的填充率是6×6×π×11÷（36×48）×100%≈71.96%；第二种方法中每层个数都相同却能摆12个，如图2-5所示，此时，长方形的填充率是6×6×π×12÷（36×48）×100%=78.5%，所以图2-5的摆法填充率高。这说明，当圆的直径正好是长方形的长和宽的公因数时，用图2-5的摆法更好（π取3.14）。

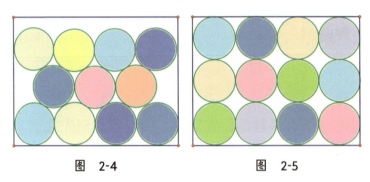

图 2-4　　　　　　　图 2-5

我想到了用大球套小球的摆法，会不会更节省空间呢？设小圆半径为6mm，大圆半径为22.6mm，与图2-2中的长方形面积大致相等，如图2-6所示。

填充率是6×6×π×10÷（22.6×22.6×3.14）×100%≈70.48%，填充率并不高。

我又想到把长方形变成平行四边形，让它的底和高与长方形的长和宽一样，如图2-7所示。

图 2-6

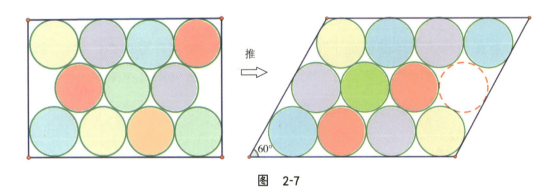

图 2-7

平行四边形竟然可以摆下12个圆形。不过，因为它的边长变了，大于33.3mm，所以没有可比性。

2. 立体图探究

我是要把球摆在盒子里，而不是摆在平面上，因此还要考虑盒子高度的问题，所以要计算盒子与球的体积。于是我查阅了相关教科书，学习了关于球体积的知识。知道了球的体积公式是 $V=\dfrac{4}{3}\pi r^3$，其中 r 是球的半径。

假设长方体长为48mm、宽为48mm、高为33.3mm、球半径为6mm，则：

①用第一种摆法能摆下44个球：第一层摆 $4\times4=16$（个），第二层摆 $3\times4=12$（个），第三层摆 $4\times4=16$（个），共 $16+12+16=44$（个）。用第二种摆法只能摆下32个球（$2\times4\times4=32$），这说明用第一种摆法的填充率高。

②假设球的半径和长方体的长、宽不变，长方体的高度改成球直径的整倍数36mm，第一种摆法能摆下44个球，第二种摆法能摆下48个球，这时第二种摆法的填充率达到最高。

模型结论

综上，如果盒子是正方体或长方体，当球的直径是它的长、宽、高的公因数时，可以装最多的球，即盒子的填充率达到最高。

模型收获

通过本次探究，我自学了计算球体积的相关知识，学会了计算球的体积，我原以为是在大球装小球的情况下填充率更高，但事实却并非如此。我通过计算和实验，发现当球的尺寸与盒子尺寸相匹配时，盒子的填充率更高。因此，我深刻理解了"实践出真知"的道理，只有通过实践、理论学习和计算才能得出正确答案，而不能光凭想象。

教师点评

箱子装球如何装才能装的最多是一个世界著名的问题。由于箱子大小也不固定，箱子形状不固定，球的大小也不固定，如何探究呢？我们需要做出合理的假设，才能进一步完成探究。久昀同学的这篇成果是在假设箱子体积相同时，探究不同形状的箱子如何装相同大小的球，并从二维到三维进行了分析，有自己的想法，如果能进一步探索其中的摆放规律，甚至通过编程来实现探究的规律就更好了。

成果 3　　神奇的海岸线

冯沐恩

 问题背景

2022年8月我到过马尔代夫，它是一个由成百上千个珊瑚岛组成的国家。从飞机上俯瞰这些珊瑚岛，它们就像是天上的繁星，嵌入在蔚蓝的大海上。当飞机开始下降，我逐渐看清了这些小岛，它们有细长的，像校园里的柳叶；还有圆圆的，像一块大月饼，但仔细看，它们的边缘并不平滑。

提出问题

我国海南岛的海岸线也非常复杂，这些复杂的曲线背后有什么规律吗？

 分析问题

如何测量这些复杂曲线的长度呢？其实早在20世纪60年代，美国数学家曼德布罗特就在《科学》杂志上发表了他的著名论文——《英国的海岸线有多长?》。

我给大家来回顾一下曼德布罗特是如何打开一个新世界的吧。

第一步：定义测量海岸线的方法。假定现在需要测量一段海岸线的长度，那么从开始点到结束点，我们都沿着轮廓线最短的路线前进。

第二步：我们定义一个人的步长是n，然后让这个人从开始点走到结束点，这样测得的海岸线长度为$L(n)$。之后，我们让一只老鼠代替人测量，再用苍蝇代替老鼠进行测量。

结论：当这个步长越来越短时，我们测量出来的海岸线长度会越来越长。

建立模型

曼德布罗特测量海岸线的方法在当时是非常先进的。随着数学家们不断地总结和提炼，目前，数学上把这类一个图形中的部分与整体具有相似结构的图形统称为自相似结构图形。在自然界中，除了海岸线以外，菜花、树杈、松树叶脉等也是有自相似结构的植物，甚至闪电中也有类似的自相似结构。此外，在数学上，如杨辉三角形等，也是有自相似结构的模型。可见这样的结构是非常普遍的。

模型求解

那么这种结构是如何生成的呢？既然这类结构是自相似结构模型，我们就可以通过部分的特征演化出整体的图案。

这里使用程序让计算机生成图片，可以大大提高这一过程的效率。例如，我们可以先使用计算机中的递归函数绘制一个迷宫，每次旋转90°，同时再缩短一下边长，就可以得到一个具有自相似结构的图形，如图3-1所示。

```
import turtle as t
def draw(len):
    if len>0:
        t.forward(len)
        t.right(90)
        draw(len-10)
t.pu()
t.goto(-300,300)
t.pd()
draw(600)
t.hideturtle()
```

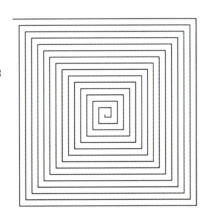

图 3-1

在这个程序中，利用函数draw（）自我调用的方式实现了分形图案的自相似性，从而实现了部分特征与整体特征的一致性。利用这种特性，可以变化出更加复杂的图形。

模型结论

在自相似结构模型中，最常见的就是Koch模型。将每段线中增加一个等边三角形的两边，就是Koch模型的基本演化过程，如图3-2所示。

图 3-2

我在Koch模型的基础上，增加一个倒置的三角形，就会使得图形更加复杂。我们来看一下这个模型下的逐级演化过程，如图3-3所示。

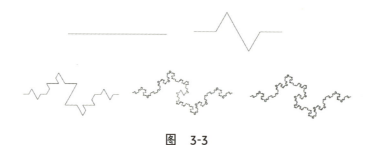

图 3-3

通过这样修改，逐级演化后看起来是不是就和海岸线很相似了，说明海岸线确实是符合自相似结构规律的。

我们可以再来看一下树枝的演化过程，如图3-4所示。

通过图3-4中的5张分型图片，就可以直观地感受到分型的魅力。随着分型维度的提升，甚至可以模拟出树木生长的过程，看来大自然也是懂数学的。

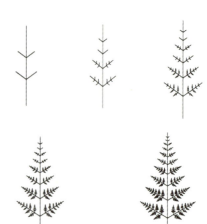

图 3-4

模型收获

在大自然中，除了海岸线之外，还有很多图案具有自相似结构的特点。只要我们认真观察就可以发现它们中部分和整体之间的相似性。那么动物界的基因里是不是也有类似的规律"指导"着身体生长发育的过程呢？我打算继续探究探究。

教师点评

本成果中，沐恩同学用自相似结构模型研究了海岸线和树枝，并且利用编程方法，通过计算机画出了这些图形，让我们体会到了数学的美和有趣。沐恩同学的编程能力扎实，通过查阅文献，探究能力也得到了锻炼和提升。但目前的这些结果都是在二维（2D）平面内展开的，如果未来能将这些推导过程演绎到三维甚至更高纬度空间，则更加有创新价值。如在生物学中干细胞可以根据初始分裂中的细微差异演化成为不同的器官，这一过程是否也符合这样的模式呢？可以继续再深入探究。

成果4　无限繁殖的科赫雪花

张仲仪

问题背景

2023年冬天的雪飘飘洒洒，纷纷扬扬落在地上一片一片又一片，美丽极了，如图4-1所示。

图　4-1

提出问题

都说雪花是六边形的，那么雪花究竟有多大呢？

建立模型

雪花有多大，用数学语言描述就是计算雪花的周长和面积，我决定一探究竟。

首先如何用数学语言描述雪花呢？经查阅资料，我了解到一个著名的数学问题——科赫雪花。科赫雪花是这样生长的：从一个正三角形出发，把每条边三等分，然后以各边的中间 $\frac{1}{3}$ 部分的长度为"底边"，分别向外作正三角形，再把"底边"线段抹掉，得到一个"六角星"。重复这个过程，即把新生成的图形每条边都再三等分，并向外作正三角形后，抹掉"底边"线段。反复进行这一过程，就会得到一个类似于"雪花"的图形，如图4-2所示。我们将这种图形称为"科赫雪花"。科赫雪花是一种数学曲线，我通过探究科赫雪花曲线的周长和面积来看看雪花到底有多大。

图 4-2

模型求解

1. 准备知识

当 $n \to \infty$ 时，一般地，设等比数列 $\{a_n\}$ 的公比为 q，前 n 项和为 S_n，则

$$S_n = a_1 + a_2 + a_3 + \cdots + a_n$$
$$= a_1 + a_1 q + a_1 q^2 + \cdots + a_1 q^{n-1} \tag{1}$$

当 $q=1$ 时，由公式（1）可以看出，$S_n = na_1$；

当 $q \neq 1$ 时，由公式（1）两边同时乘以 q 可得：

$$qS_n = a_1q + a_1q^2 + a_1q^3 + \cdots + a_1q^{n-1} + a_1q^n \qquad （2）$$

（1）－（2）可得（$1-q$）$S_n = a_1 - a_1q^n$，此时有：

$$S_n = \frac{a_1(1 - q^n)}{1 - q}$$

综上可得，等比数列前n项和公式为：

$$S_n = \begin{cases} na_1, & q = 1 \\ \dfrac{a_1(1 - q^n)}{1 - q}, & q \neq 1 \end{cases}$$

2. 求周长

接下来我来分析在科赫雪花生长过程中随着层数n的增加而产生的变化过程。增加的三角形的数量和边数有关，每条边每次都增加1个小正三角形，边数由1条变为4条。

首先，假设初始正三角形的周长为L。我来探究科赫雪花曲线随层数变化的规律，见表4-1。

表　4-1

层数	边数	增加的小三角形数量
1	3	0
2	3×4	3
3	3×4^2	3×4
…	…	…
n	$3 \times 4^{n-1}$	$3 \times 4^{n-2}$

如图4-3所示，我来探究科赫雪花曲线的周长变化规律，如果将原始正三角形的周长记为L_1，$L_1 = L$；则第一次操作后在L_1基础上增加了3条边，周长增加$\frac{1}{3}L$，记此时的周长为$L_2 = \frac{4}{3}L_1 = \frac{4}{3}L$；第二次操作后在$L_2$基础上增加了9条边，周长增加$\frac{4}{9}L$，记此时的周长为$L_3 = \frac{4}{3}L_2 = \left(\frac{4}{3}\right)^2 L = \frac{16}{9}L$；依次下去，如果记第$n$次递归后的科赫雪花曲线周长为$L_n$，第（$n-1$）次递归后的科赫雪花曲线周长为$L_{n-1}$，

可得到科赫雪花曲线周长增加的递归公式$L_n = \dfrac{4}{3}L_{n-1}$，第$n$次操作后科赫雪花曲线周长变为$L_n = \left(\dfrac{4}{3}\right)^n L$。我们可以发现，周长增加是一个等比数列：

$$L,\ \frac{4}{3}L,\ \left(\frac{4}{3}\right)^2 L, \cdots,\ \left(\frac{4}{3}\right)^n L$$

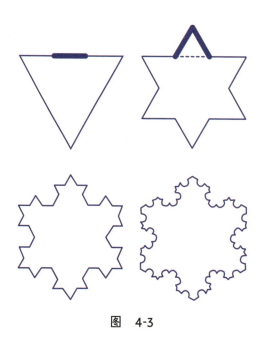

图　4-3

那么随着n的增加，科赫雪花曲线的周长是否有极限呢？答案是否定的。因为公比是$\dfrac{4}{3}$，大于1，所以数列是发散的，即周长趋于无穷大。

接下来我们再看看面积。

3. 求面积

如图4-4所示，假设科赫雪花第1层对应的面积值为1，即$S_1 = S = 1$；每次增加的一个小正三角形面积是上一层正三角形面积的$\dfrac{1}{9}$（即$\dfrac{1}{3} \times \dfrac{1}{3}$），即$S_2$的面积是在$S_1$的基础上加上3个小正三角形的面积，即：$S_2 = S_1 + 3 \times \dfrac{1}{9}$，$S_3$的面积是在$S_2$的基础上加上9个小正三角形面积，即：$S_3 = S_2 + (3 \times 4) \times \left(\dfrac{1}{9}\right)^2$，依次下去，我可以得到递推关系$S_n = S_{n-1} + (3 \times 4^{n-2}) \times \left(\dfrac{1}{9}\right)^{n-1}$。

$$S_n = S_{n-1} + (3 \times 4^{n-2}) \times (\frac{1}{9})^{n-1}$$

$$= S_{n-2} + (3 \times 4^{n-3}) \times (\frac{1}{9})^{n-2} + (3 \times 4^{n-2}) \times (\frac{1}{9})^{n-1}$$

$$= \cdots$$

$$= 1 + 3 \times \frac{1}{9} + (3 \times 4) \times (\frac{1}{9})^2 + \cdots + (3 \times 4^{n-2}) \times (\frac{1}{9})^{n-1}$$

$$= 1 + \frac{3}{9} + \frac{3}{9} \times \frac{4}{9} + \cdots + \frac{3}{9} \times (\frac{4}{9})^{n-2}$$

$$= 1 + \frac{3}{9} \times \frac{1 - (\frac{4}{9})^{n-1}}{1 - \frac{4}{9}}$$

$$= \frac{8}{5} - \frac{3}{5} \times (\frac{4}{9})^{n-1} \to \frac{8}{5} (n \to \infty)$$

所以，科赫雪花曲线的面积是一个定值。

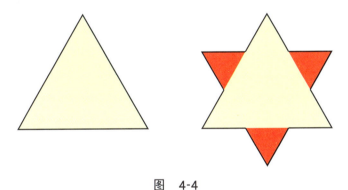

图 4-4

模型结论

如果让科赫雪花无限生长下去，可以发现它是一个周长无限大，但面积却固定的奇妙的几何图形。

模型收获

经过这次探究，我对雪花有了新的认识，原来洁白美丽的雪花有着如此"神秘、奇妙"的一面,让我更加喜欢雪了。同时,通过这次探究,我对数学也有了新的认识,数学让我的视野变得更加开阔。学会了数学,就拥有了观察世界的"透视眼"。

教师点评

本成果中,仲仪同学通过计算科赫雪花的周长和面积来了解其到底有多大,现实中的雪花难以建模,所以通过查阅资料将这一问题转换为求数学定义的雪花曲线——科赫雪花曲线的周长和面积,从而建立模型。通过寻找规律找到递推公式,进而转化为等比数列求和,从而求得科赫雪花曲线的周长是无限大的,而面积是一个定值。这一有趣的结论,让学生体会到了数学的奇妙。整个探究过程提高了学生的自学能力、探究能力和数学表达能力。

成果5 我家的阳光去哪了

冯星硕

问题背景

一个周末,我去五层邻居家玩,发现我们虽是同样的户型,但是他家明显比我家(二层)明亮很多。回家后,我把这个疑惑告诉妈妈,我怀疑我家的采光有问题。妈妈说买房的时候,售楼员跟她说,我们小区的楼间距非常大,低楼层也完全不存在采光不足问题。我想,妈妈是不是被售楼员给"忽悠"了?我能不能自己测一测我家的采光是否有问题呢?

提出问题

我家的阳光去哪儿了?我家的采光是否有问题呢?

分析问题

通过查阅资料，我得知房屋的光来自太阳光，所以要测试采光，就得先了解一些地理知识。

地球是呈一个偏转角度围绕太阳转动的。地球公转引起昼夜长短和正午太阳高度角的变化。春分日至夏至日，夏至日至秋分日，太阳直射北半球，北半球各地普遍离太阳直射点比较近，正午太阳高度角大，影子较短。夏至日时，太阳直射北回归线，北回归线以北地区距离太阳直射点最近，正午太阳高度角最大，影子最短。

反之，秋分日至冬至日，冬至日至第二年春分日，太阳直射南半球，北半球普遍距离太阳直射点比较远，正午太阳高度角比较小，影子逐渐变长。冬至日时，太阳直射南回归线，北回归线以北地区距离太阳直射点最远，正午太阳高度角最小，影子最长。

众所周知，我国位于北半球，且大多数区域位于北回归线以北。结合太阳直射点的移动规律和我国地理位置分析，可以得知：

①我国所处的地理位置使得大部分区域的太阳光线通常都是带有一定倾角的斜向日照。

②在冬至日时，太阳直射南回归线，那一天我家的光照被前楼遮挡最严重。在夏至日时，太阳直射北回归线，我家的光照被前楼遮挡影响最小。也就是说，如果能在冬至日的正午晒到充足的阳光，其他日子采光也就不存在问题了。

建立模型

怎样才能算出在冬至日是否能晒到阳光呢？我们需要了解一个概念，那就是太阳高度角。太阳高度角，就是太阳光线与地面之间的夹角，如图5-1所示。

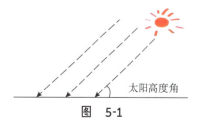

图 5-1

太阳高度角计算公式：

正午的太阳高度角= 90°－太阳直射点的维度和所在城市纬度的纬度差（同一半球纬度差相减计算，不同半球纬度差相加计算）。

将这一计算方法用到我家在冬至日时的情况，因为冬至日太阳直射点在南纬23.26°，而我家在北京，纬度为北纬39.54°，所以：

太阳高度角=90°－（太阳直射点纬度+所在城市纬度）

　　　　　=90°－（南回归线的纬度23.26°+北京的纬度39.54°）

　　　　　=90°－23.26°－39.54°

　　　　　=27.2°

通过图5-2可以清晰地看到，太阳高度角、楼间距和楼高度之间恰好构成一个直角三角形。在这个直角三角形中，已知一个角（即太阳高度角）的度数和一条直角边的长度（即楼间距），如果能算出另外一条直角边的长度，那我就可以知道我家的采光到底有没有问题了。

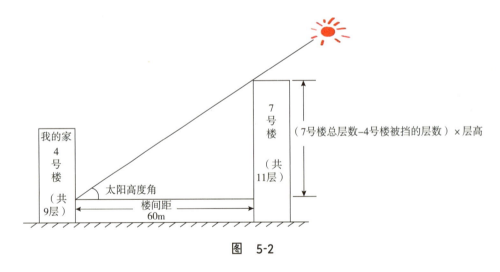

图 5-2

在自学初中数学教科书时，我曾经学到过一个知识，那就是三角函数。已知一个直角三角形中∠BAC的度数和一条直角边AC的长度时，就可以根据三角函数中的正切函数来求出另一条直角边BC的长度，如图5-3所示。

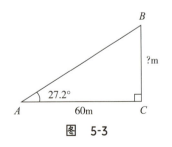

图 5-3

即$\tan\angle BAC=\dfrac{BC}{AC}$，则$BC=AC\times\tan\angle BAC$。

模型求解

把上述三角函数的公式应用到我家采光上来，分析过程如下：

我家冬至日的太阳高度角 = $90° - 23.26° - 39.54° = 27.2°$

$\tan 27.2° \approx 0.5$

已知，4号楼和7号楼之间的楼间距为60m，每层楼的层高为3m，7号楼总层数为11层。

设4号楼被挡的层数为x，则

$$(11-x) \times 3 = 0.5 \times 60$$
$$11-x = 30 \div 3$$
$$x = 11-10$$
$$x = 1$$

模型结论

通过计算，求得在冬至日时，4号楼被挡的层数为1，而我家位于4号楼的二层，所以在冬至日的正午，我家是可以晒到充足的阳光的。

模型收获

但是，为什么我总觉得家里不够明亮呢？我又进一步查阅了资料，发现了两个重要原因。

第一，采光问题不仅与楼间距、遮挡楼的高度有关，还与朝向、楼层、面宽和进深有关。楼层越高，受到的遮挡越少，光线照射更充分，但是高楼层同样也会有夏季过热的情况，所以买房还是得买中间楼层，这才是黄金楼层。

第二，通过查询网络，我得知一个单个功能房间，面宽和进深的黄金比例为4：6，意思就是进深若是6m，那么面宽需要为4m。而我家的户型，如果不算阳台，客厅、主卧的面宽与进深比例基本符合4∶6的黄金比例。但是加上阳台1.3m的进深，就导致了进深略深。这样设计，尽管采光差些，但好处是夏天凉快，冬天也有一定的保暖功能，同时阳台大一些，晾晒衣物也方便。

教师点评

本成果中，星硕同学通过画图分析，借助三角函数建立方程模型，分析计算自己家的采光情况。最后对模型进行分析，并查阅资料了解到黄金比例在房屋设计中的应用，并建议购房时需考虑黄金分割比。模型结构完整，分析清楚，表达流畅。这次探究既提高了他的自主学习能力、分析能力和建模能力，也让他发现了数学的有趣和有用。

成果6　通过几何模型优化停车位

冯沐恩

问题背景

停车难是北京很多老旧小区正在面临的问题，除了在有限的城市空间中尽可能规划停车区域之外，还可以利用几何图形的合理摆放，在有限的空间里停放更多的车辆。

提出问题

如何利用几何图形的合理摆放，在有限的空间里停放更多的车辆?

分析问题

　　在有限的空间内利用几何图形的合理摆放设计车位，表面上看好像就是密铺问题，但是在实际应用中，我们不能只关注车辆摆放的问题，而是需要考虑在车辆能够顺利进出的前提下，尽量停放更多的车辆。

模型假设

　　我们先来看看停车场的基本要求（以小客车车位为例）。垂直车位：宽2.5m、长5.5m。斜向车位：宽3m、斜长6m、两斜线间宽度不小于2.5m。行车道宽度不小于6m，如图6-1所示。

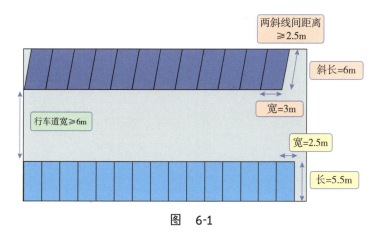

两斜线间距离 ≥2.5m

斜长=6m

宽=3m

行车道宽≥6m

宽=2.5m

长=5.5m

图　6-1

建立模型

　　有了车辆停放的标准，我们就可以比较一下停放方向不同的车位对于车位数量的影响。测试的场地宽为17.8m、长42m。如果采用车辆与路面垂直的方式进行停放，那么可以得到符合标准要求的车位32个，如图6-2所示。

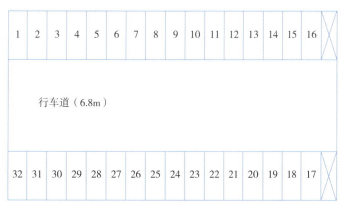

| 1 | 2 | 3 | 4 | 5 | 6 | 7 | 8 | 9 | 10 | 11 | 12 | 13 | 14 | 15 | 16 | |

行车道（6.8m）

| 32 | 31 | 30 | 29 | 28 | 27 | 26 | 25 | 24 | 23 | 22 | 21 | 20 | 19 | 18 | 17 | |

图　6-2

模型求解

如果采用车辆和路面产生一定的夹角的方式进行停放，那么这块测试的场地能停多少辆车呢？我们测试了车辆与路面夹角分别为60°、45°和30°这3种不同的情况，并绘制了如图6-3所示的示意图，最终结果见表6-1。

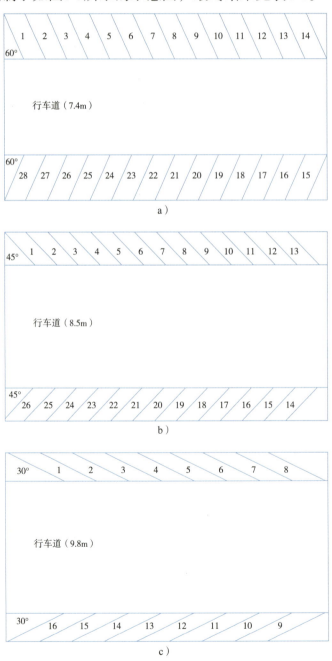

图 6-3

根据上述的停车设计条件，每种方式可以停放车辆数量的计算方法：已知总长度为42m，场地宽为17.8m，因斜向停车所以在左侧都有一个无法停车的区域，它的宽度为斜边（6m）与路面夹角的余弦值相乘。每个车位宽度为2.5m，因此对应到与道路平行的位置上的宽度为宽度（2.5m）与路面夹角的正弦值相除，因为这个宽度是有一定的冗余量可以向上取整进行估算。最后因为两侧都可以停车还需要乘2。计算公式如下

$$停车数量 = \left\lceil \frac{42-6\times\cos\theta}{2.5\div\sin\theta} \right\rceil \times 2$$

$$行车道宽 = 17.8-6\times\sin\theta\times 2$$

其中θ为与路面的夹角。

三种不同停放方式的结果见表6-1。

表 6-1

	与路面夹角60°	与路面夹角45°	与路面夹角30°
停车数量（辆）	28	26	16
行车道宽（m）	7.4	8.5	9.8

从表6-1中我们可以发现，车位与行车道之间的夹角越小，车位所占的场地宽度越小，能排布的车位就越少，同时保留的行车道越宽。所以测试场地里（无论怎么排布，行车道都不小于6m），安排垂直停放的车位，能停下更多的车辆。

因此，利用上述规律，在狭窄的道路边进行停车时就应该让车位与行车道之间的夹角尽可能小，如果空间有限，就可以采用夹角为0°、平行于道路的方式进行停放。

那么如何能够在有限的空间内提高停车的数量呢？首先最直观的方法便是向上方发展，提供立体车位。但这种方式需要额外的改造成本，而且上方的车辆进去并不方便，还有一定的危险性。能否利用之前的摆放方式来提高停车场的使用效率呢？

答案是肯定的。因为之前通过摆放角度的调整，我们扩展了行车道的宽度，这部分宽度已经远远超出了6m的规范要求。因此将这部分空间利用好，就可以拓展有效的停车使用面积。

首先我们将图6-3b中原本两侧的车辆向中间合并，再在四周建立单向行进路线导引，此时行车道只需要之前规定的 $\frac{1}{2}$，即3m，此时路边还可以安排平行车位，大大提高了空间的利用率，如图6-4所示。

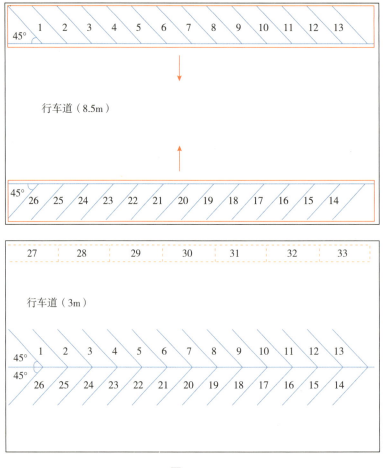

图　6-4

但这就是最佳的停放方法吗？我觉得还有改造的空间，请观察图6-5所示的示意图，此时的斜向车位的斜边为6m，两斜边的间距为2.5m，此时可以安排18个车位。但在红色区域内还有很大的待优化空间。

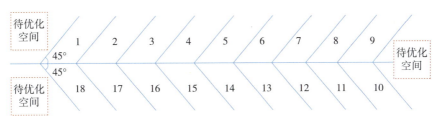

图 6-5

如何利用好这些待优化空间呢？我们可以采用交叉车位的方式进行改造，如图6-6所示。这时车位长度可以减少到5.5m，宽度仍为2.5m。原来只能停放18辆车的面积，改造后可以停放21辆车，现在有一些停车场就做了类似的改造。

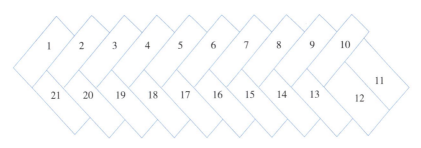

图 6-6

那么为什么交叉车位可以停放更多的车辆呢？首先，使用交叉车位时车辆在进出车位时所需要的转弯半径更小。在停车区域面积固定的前提下，小的转弯半径可以减小对行车道宽度的要求，从而获得更多的停车面积。其次，与普通斜向车位相比，交叉车位还充分利用了车头之间的空间，即图6-7中橙色的方形区域。此外，交叉车位也比斜向车位更加紧凑，两排车位整体停车区域需要的宽度也比斜向车位小，这就为行车道设计提供了更多的空间。

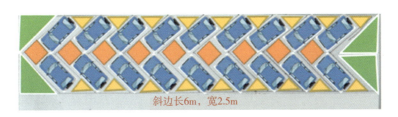

图 6-7

模型结论

　　在改造停车场的过程中，除了在空间上增加立体车位外，还可以通过改变车位的停放方式提高地面空间的使用率。本次探究活动在斜向车位探究的基础上，通过交叉车位设计，减少了在斜向车位中车头与车头之间的空隙，同时也减少了停车区域整体的宽度，为周边的行车道提供了更多空间，如图6-8所示。

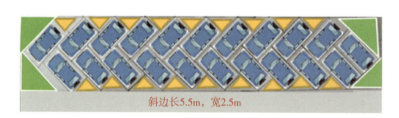

斜边长5.5m，宽2.5m

图　6-8

模型收获

　　车辆是现代生活中必不可少的交通工具之一，它在方便人们出行的同时，伴随的停车问题也需要解决。于是，人们提出了立体车位等解决方案，但其实利用好几何知识，在有限的地面空间进行合理的分配，也可以用较小的成本提高地面空间利用率。本次探究根据停车场的基本要求，对比不同停放条件下车位数量和行车道宽度的数据，发现了停放角度与车位数量以及行车道宽度之间的关系。通过进一步对斜向车位空间利用率的分析，提出了空间利用率更高的交叉车位停放模式，这种模式可以在相同面积内提供更多的车位数量。

教师点评

　　本成果中，沐恩同学通过查阅资料，利用计算机绘图分析，针对特殊角度下停车场停车位的数量做了深入探究，并对结论进行了深入分析。通过绘制几何模型，计算出特殊角度下摆放停车位的数量，这个就是数学模型。进一步的探究可以从特殊情况推广到一般情况，从而求出最优解。这些是我们未来可以改进和深入探究的地方。

成果7　建筑如何分布更美观

商桐睿

问题背景

在2022年的国庆节假期里，我和家人一起去了趟天津。天津是一座很美丽的城市，市中心的高楼大厦看起来十分壮观，如图7-1所示。

但是妈妈认为，美中不足的是这里的建筑分布略显杂乱，与北京相比没有那么规整、美观。那么，建筑应该怎么分布才能既保持城市的美丽又显得有序呢？对此我展开了探究。

图　7-1

提出问题

建筑应该怎么分布才更美观呢？

分析问题

北京的建筑之所以美观，是因为北京在古代作为都城时便设计成东西对称、道路笔直的风格。道路都依照东南西北的方位修建，尤其有一条"北京中轴线"，使得建筑可以整齐地排列在中轴线两侧。这让繁华的北京虽然楼宇众多，高低错落，却又显得井然有序。

我查阅了关于天津的相关资料，发现这里最繁华的是和平区，比较高耸的建筑大多都分布在这里。但是，天津的道路大多都不是以东南西北的方位修建的，而是斜的。当高耸的建筑分布得很密集、又排列得不整齐时，就会影响城市的整体观感，显得杂乱。

天津的建筑和道路这样设计，有地理和人文方面的原因。"九河下梢天津卫"，天津人逐水而居，城区依海河两岸而建。而海河蜿蜒曲折，天津的路便也随之倾斜。近代时九国在这里划定租界，各自为政，各自按照自己的规划和设计进行建设，也造就了道路曲折、建筑布局略显杂乱的天津。

🔍 模型假设

（1）假设道路都是直的，把一条路看成一条线段。

（2）把一个城市的地图看作一个平面图。

📋 建立模型

那么，如果不改变道路倾斜的问题，如何安排建筑物的分布才能更美观呢？

首先，考虑主干道的方向。几条倾斜的道路交叉在一起，它们可能会形成三角形、四边形或多边形，如图7-2所示。

图 7-2

其次，想要建筑分布更美观，应当尽量让建筑高低排列有序，不互相遮挡，同时避免过于密集而显得杂乱。那么，最高的建筑应当如何安排呢？我从几何的角度，将它们放置在图形的最中间，也就是图形的重心上。

模型求解

我们在数学课上学过，三角形的重心是3条中线的交点。

而四边形的重心可以先将四边形沿对角线分成2个三角形，分别画出它们的重心后连线，然后再沿另一条对角线将四边形分为另外2个三角形，同样画出它们的重心后连线，这2条线段的交点便是四边形的重心，如图7-3所示。

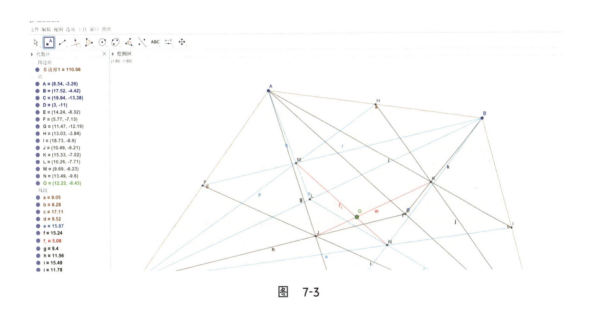

图 7-3

五边形的重心同理，先将五边形沿对角线分成一个三角形和一个四边形，分别画出它们的重心后连线，然后再沿另一条对角线将五边形分成一个三角形和一个四边形，同样画出它们的重心后连线，两条线的交点便是五边形的重心。

由此可得n边形求重心时应将n边形沿对角线分为一个三角形和一个（n-1）边形。所以，最高的建筑应在图形的重心处。

那么，其他较矮的建筑应当怎么分布呢？如果想让建筑既不互相遮挡又要整齐，我认为应该先在多边形中画出平行线，让建筑分布在这些线上。然后，在大多边形内作形状相同的小多边形，使大多边形与小多边形的重心重合，如图7-4所示。

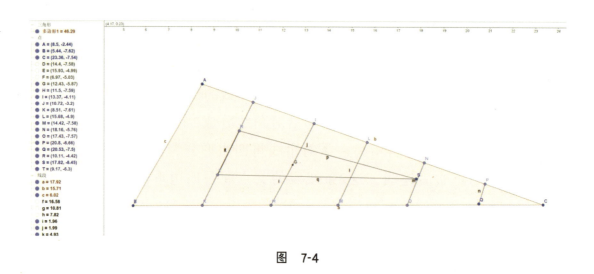

图 7-4

这时，较矮的建筑就可以分布在小多边形上，而最矮的建筑分布在小多边形以外、大多边形以内的地方。然后再按照平行线排列，就会整齐许多。

模型结论

如果城市的建筑能够按照地形的重心对称分布，会使得城市看起来更加整齐、美观。但需要注意的是，我在探究中假设了城市的道路是直的，这与实际道路形态存在差异，对于曲形的道路如何影响城市建筑布局，我目前还不清楚，需要进一步研究。

模型收获

通过这次探究，不仅让我在旅行中欣赏了美景，吃到了美食，也让我更多了一种视角来客观理性地看待我眼中的美。这就是知识的力量，这就是数学的魅力！

教师点评

本成果是一篇在旅行中的思考。天津这座美丽城市的建筑排布似乎有点杂乱，这是为什么呢？如何排布才能更美观呢？桐睿同学基于城市的地势特点，对道路布局做了假设后，通过抽象建立几何模型，画出相应的几何图形，进而探究出了确定三角形、四边形、五边形甚至更多边形重心的方法，并得出沿城市地形的重心对称分布可能使建筑排列更美观的结论。这种用数学的眼光看世界的思维方式，说不定就成就了未来的一名大设计师。如果将不同城市，甚至不同朝代的建筑设计再做一番深入的调查研究，并分析建筑如何分布更美观那就更了不起了。

成果8 沙漏模型在球弹跳高度中的探究与应用

张轩逸

 问题背景

2021年暑假，我进行了一次关于球的弹跳高度的实验。我最初设想的实验方案是让球从多个固定的高度自由下落，通过对比贴在墙上的标尺数值来确定球的弹跳高度。由于在球弹跳至最高点的一瞬间，仅仅依靠我们的肉眼来迅速确定球的弹跳高度是很困难的，因此，我在大致测量了球的弹跳高度范围后，决定在与球弹跳高度基本位于同一水平线的高度附近架设手机，启动慢动作模式拍摄后，再通过看回放确定精确的弹跳高度，示意图如图8-1所示。

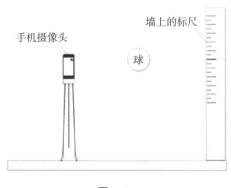

图 8-1

 **提出问题**

但是我发现在实际操作中，很难做到让相机摆放的高度和球的真实弹跳高度完全一致。这不禁让我思考：这会不会对最终的观测结果产生影响呢？如果有影响，影响又有多大呢？于是我决定好好探究一下。

分析问题

在操作过程中，我发现相机摆放高度和摆放位置都对观测结果有影响。接下来，我就通过调整相机高度和移动相机位置来分别进行实验，对结果误差进行分析，并尝试控制误差范围。

建立模型

如图8-2所示，最初我的手机架设位置和墙壁的水平距离是100cm，而球正好处于两者的正中间，手机、球和墙壁分别对应图中的A、B、C三点。

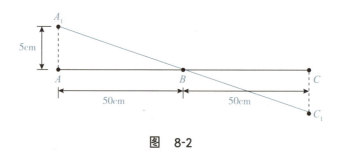

图 8-2

我假定手机摄像头的高度相比理想状态高了5cm，也就是说从图中的A点上升到了A_1点，此时，我看到球心对应的标尺上的刻度也就随之从图中的C点下降到C_1点。此时从C点到C_1点的距离就是当前的观测误差。那么，这个误差的大小是多少呢？

模型求解

　　在仔细观察这幅图之后，我发现这不就是之前数学课上学过的沙漏模型吗？根据沙漏模型原理（即相似三角形特性）可知：$CC_1 : AA_1 = BC : AB$，由于此时 $AB = BC$，所以可得出 $CC_1 = AA_1 = 5$cm。相对于100cm左右的实际弹跳高度，此时的误差率达到了5%，这样的误差率是我难以接受的。

模型改进

　　于是，我试着改进了一下实验方法。保持手机和墙壁的距离不变，只是让球尽量贴近墙壁。

　　如图8-3所示，此时球心与墙壁之间的距离大约是15cm，只比球的半径稍大一点。按照同样的方法，可以计算出此时的观测误差，也就是 CC_1 的长度是0.88cm，误差率降低到了小于1%，这个误差率我可以接受了。

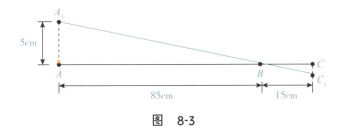

图　8-3

　　但是，我想如果要把观测误差降低到接近千分之一的水平，该怎么办呢？由于真实弹跳高度在100cm左右，这就意味着误差最大只能是0.1cm。在现有的实验条件下已经无法再进一步缩小误差了，所以我要寻找新的解决方法。

　　通过画图分析，现在的问题变成了如图8-4所示的形式：已知 AA_1、CC_1 和 BC 的长度分别为5cm、0.1cm和15cm，要求的值变成了手机与球心的距离，也就是 AB 的长度。

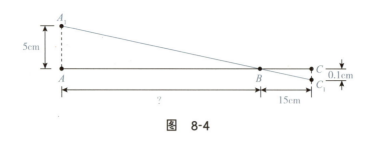

图　8-4

　　我们依然借助沙漏模型原理，可知$AB：BC=AA_1：CC_1$，而$AA_1：CC_1$=50：1，所以$AB：BC$=50：1。由于已知BC=15，所以AB=15×50=750（cm）。也就是说，只要将手机架设到距离球心750cm以外的位置，就可以把观测误差缩小到0.1cm了。

　　通过上面几种情况的计算和分析可知，缩小弹跳高度观测误差的方法可以分为3种：如果场地有限且观测距离比较近，应该让球尽可能地贴近标尺；如果场地足够大，并且手机拍照性能良好就可以让手机距离标尺越远越好；如果能二者兼得，那么观测结果就是误差最小的了。

模型收获

　　通过这次探究，我对沙漏模型有了更深的了解。同时，我也认识到：许多我在课堂上学到的理论知识，都可以在生活中加以应用，而在实际应用过后，又能反过来加深对知识点本身的理解，真的是一举两得。

教师点评

　　本成果是将沙漏模型（即相似三角形对应边成比例）应用到了测量球弹跳高度的实践中，这是数学应用的典型实践。轩逸同学通过对误差进行分析，并追求精确度，不断地调整测量方法，这是科学探究的精神。我们知道误差分析还受手机摄像头反应速度等的影响，我们这里选择了忽视。为了提高精确度，我们可以再多记录一些数据，排除最大、最小值，再用平均数建模，这样结果会更准确。或者设计一个通过拍照来计算高度的软件，精确度设计为0.0001，直接利用其进行计算，以减少人眼观察的误差。

成果 9　**自制量角器测量楼的高度**

韩志正

问题背景

2020年12月8日，中国和尼泊尔两国联合宣布珠穆朗玛峰最新高程为8848.86m。看到这则新闻，我不禁想：珠穆朗玛峰那么高，他们是如何测量的呢？我能不能用同样或相似的方法测量出我居住的楼房的高度呢？

提出问题

2020年，我国和尼泊尔两国是如何测量出珠穆朗玛峰高度的呢？我能不能用同样或相似的方法测量出我居住的楼房的高度呢？我要测量的楼房如图9-1所示。

图　9-1

分析问题

通过查阅资料，我了解到，我国和尼泊尔两国在2020年测量珠穆朗玛峰高度的过程中使用GNSS接收机和北斗卫星进行高精度定位，利用交会和三角高程测量方法，确定珠穆朗玛峰的高度。其中三角高程测量方法给了我很多灵感和启发。那么，三角高程测量方法是什么呢？

三角高程测量方法是通过观测山顶标志物的水平角、垂直角（或高度角）和水平距离，利用三角函数原理计算观测点与山顶标志物之间的高差，如图9-2所示。

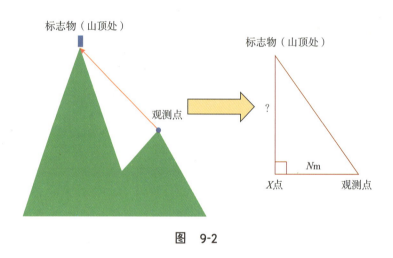

图　9-2

建立模型

在测量我家楼房高度时，我的测量的方法是，先利用AR测量工具测出测量台与所测量楼房之间的距离以及测量台的高度，再用我的自制高度量角器测量出测量台与楼房房顶的水平夹角，最后利用三角函数原理计算出楼房的高度。

我的自制高度量角器是用一个快递盒子制成的，它共分为两个部分：一部分是测量盒，另一部分是调整板，如图9-3所示。测量盒的前面有一个大长方形的开口，后面底部有一个宽1.5mm的缝隙用于观测，侧面贴有一张白纸用于记录测量结果。调整板是一个长条形的纸板，中间也有一条宽1.5mm的缝隙。首先将调整板插入测量盒的开口处后，从测量盒的缝隙去观察调整板的缝隙，通过上下移动调整板的位置，使得我能看到楼顶。接着，用笔在测量盒侧面白纸上画线将2个缝隙连起来。最后，用量角器测量缝隙连线与水平线的夹角就是楼房房顶与测量台的水平夹角。

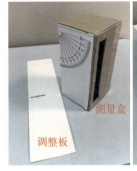

测量盒

调整板

图 9-3

模型求解

通过现场测量，如图9-4所示，测得楼房距离测量台约25.5m，测量台高约1.76m，水平夹角约为38.5°。我用构造直角三角形的方法来计算：用楼房与测量台的距离和自制高度量角器所量出的水平夹角分别作为直角三角形的一条直角边和这条直角边与斜边的夹角，用三角函数中的正切函数计算出另一条直角边的长度，这个长度就是楼房房顶到测量台的高度。按照测量数据，38.5°的正切值约为0.7954，可以计算出楼房与测量台的相对高度约为$0.7954 \times 25.5 = 20.28$（m）。再加上测量台的高度1.76 m，可以计算出楼房的高度约为22.04 m，如图9-5所示。

图 9-4

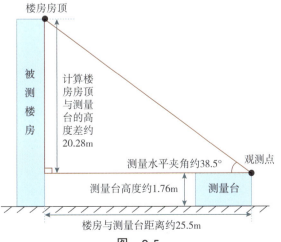

楼房房顶

被测楼房

计算楼房房顶与测量台的高度差约20.28m

测量水平夹角约38.5°

观测点

测量台高度约1.76m

测量台

楼房与测量台距离约25.5m

图 9-5

模型结论

为了验证我的测量结果，我联系物业工作人员并确认了实际情况，这栋楼房实际高度为22.5m，和我的测量结果相差了0.46m，这个误差已经很小了。随后，我又测量了其他几栋楼房的高度，所有误差均没有超过1.3m，最小的一次仅为0.2m。我对自己制作的量角器感到非常满意。

模型收获

通过这次实验，我利用想象力在天空中创造出一个虚拟的三角形，这不仅提高了我的空间想象能力，还促使我动手制作出了一个测量仪器。但如何让这个仪器更精确、更智能呢？我将会继续探究。

教师点评

志正同学借鉴珠穆朗玛峰高程测量的方法，在理解了其基本原理之后，自己动手制作了一个测量仪器，解决了生活中楼房高度测量的实际问题，展示了他的创新思维和解决问题的能力。在这次探究中，他介绍了测量楼房高度的原理及自制量角器的制作过程，并进行了实地测量验证，完成了从数学建模到实践应用的过程。这个自制测量仪器不但设计巧妙，而且制作简单，测量结果也达到了预期效果。作为七年级的学生，他努力将自己所学应用到设计和发明中的精神值得褒奖。希望他继续积极探索，用科学知识使我们的生活变得更加便捷、高效。

成果 10 大饺子 or 小饺子，That's a question!

马诺依

 **问题背景**

春节期间，我常帮家人包饺子。饺子包到最后常遇到一个问题，就是要么馅多了，要么面多了，而我们希望的是馅和面恰好都用完，既不剩馅也不剩面。这不，除夕我们家边包饺子边看春晚，包着包着就发现明显馅多了、面少了，这时候应该怎么办呢？我说："把饺子皮擀大点儿，每个多装点儿馅，包一些大饺子不就得了。"弟弟说："不对不对，大饺子的馅是多了，但饺子皮也大了，会更费面呀，应该把皮擀小一些，包小饺子，饺子多了馅自然也用得多了。"一时间，我和弟弟争论不下，这时爸爸说话了："哈哈，这其实是一个非常经典的数学问题，你们都别一拍脑门就回答，试着用数学知识来寻找答案吧。"

提出问题

同样多的面，到底是包大饺子用的馅多，还是包小饺子用的馅多呢？带着这个问题，我开始了一次有意思的数学小探究。

分析问题

饺子皮其实是一个面积问题，饺子馅其实是一个体积问题。包大饺子还是小饺子哪个用的馅多，其实就是在饺子皮的表面积相同的情况下，是分成大份还是小份（也就是表面积大但数量少，和表面积小但数量多）哪个体积更大的问题。

如图10-1所示，我把大饺子皮的表面积设为S，包好后饺子的体积（也就是馅的体积）为V；小饺子皮的表面积为s，包好后的体积（也就是馅的体积）为v。大饺子皮的面积是小饺子皮的n倍，也就是：

$$S=ns$$

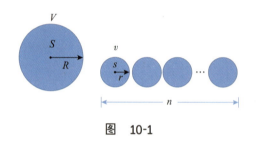

图 10-1

建立模型

那么本次探究的问题就变成了：在表面积相等的情况下，求解V和nv哪个大、大多少的问题。

因为饺子需要皮和馅都煮熟，饺子皮的厚度不会相差太大，所以我先假设大、小饺子皮的厚度是一样的，这样可以帮助我排除干扰因素，简化问题。

饺子有它独特的形状，求它体积的问题比较复杂，但不管捏成什么形状，它容纳的馅是一样多的，也就是说V或v是固定的，我们完全可以把它看作是一个球体（哈哈，像汤圆一样的饺子），这样便于我求解。而且，不管大饺子还是小饺子，它们的形状是一样的，V和v就可以用同样的方法计算。

查阅相关资料，球的体积和表面积计算方法如图10-2所示。

设大饺子的半径为R，小饺子的半径为r。则大饺

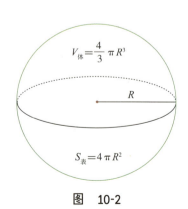

图 10-2

子的体积和表面积为：

$$V = \frac{4}{3}\pi R^3 \tag{1}$$

$$S = 4\pi R^2 \tag{2}$$

将式（2）代入式（1），消去R，得到V和S的关系为：

$$V = \frac{1}{6\sqrt{\pi}}S^{\frac{3}{2}} \tag{3}$$

同理，小饺子的体积和表面积为：

$$v = \frac{4}{3}\pi r^3 \tag{4}$$

$$s = 4\pi r^2 \tag{5}$$

将式（5）代入式（4），消去r，得到v和s的关系为：

$$v = \frac{1}{6\sqrt{\pi}}s^{\frac{3}{2}} \tag{6}$$

将前面设定的$S=ns$代入式（3），得到V与s的关系为：

$$V = \frac{1}{6\sqrt{\pi}}s^{\frac{3}{2}}n^{\frac{3}{2}} \tag{7}$$

将式（6）代入式（7），即可得到V和nv的关系为：

$$V = n^{\frac{3}{2}}v = \sqrt{n}\,(nv) \tag{8}$$

模型求解

从式（8）可以看出，V是大饺子的体积，nv是同样的面做出的小饺子的体积之和。因为$n>1$，所以$\sqrt{n}>1$，那么始终$V>nv$。

模型结论

同样的面，包大饺子可以比包小饺子用掉更多的馅。不能只靠直觉，不能只靠经验，用数学知识才能得到精准的答案。

模型收获

　　刚才我做了定性的分析，有了式（8），我还可以进行更加精准的定量分析呢。例如，我们原先准备做20个小饺子，现在准备用同样的面做出10个大饺子，可以比原来多用掉40%的馅呢。

　　上述求解的结果对不对呢？我决定做个实验进行验证。我取来质量相同的两块面分别作为A组和B组的原材料，也就是说如果我都擀成一样厚度的话，A组和B组饺子皮的表面积是一样的，如图10-3所示，两组面的质量都是180.5g。

图　10-3

　　其中，A组我切成10段，擀成大饺子皮；B组我切成20段，擀成小饺子皮。擀完后，如图10-4所示，A组一共是10个饺子皮，B组一共是20个饺子皮，也就是说$n=2$。

图　10-4

　　我开始包饺子了。这里我没有给A组、B组单独分配馅，因为如果那样，每组包到最后都可能会遇到面多或者馅多的干扰因素。我不如按正常包，A组、B组分别包完后我测量它们的质量，每组饺子的质量减去之前测量的面的质量，就是包进去的馅的质量了。

这里注意，实验中我并没有设法去测量它们的体积，因为那个难度确实有点儿大。因为体积和质量是成正比的关系，我完全可以把测量体积的问题等效为简单测量质量的问题。当然，这里也有个重要假设，就是饺子馅是均匀的，这样它们的体积和质量才能成正比。

两组饺子都包好了，测量的结果是A组重871.8g，B组重676.6g。分别减去面的质量，A组馅净重691.3g，B组馅净重496.1g，见表10-1。

表　10-1

	面重（g）	饺子重（g）	馅重（g）
A组（10个大饺子）	180.5	871.8	691.3
B组（20个小饺子）	180.5	676.6	496.1

A组的馅比B组的馅重了39%，和我们之前计算的结果很接近哦，验证了我之前的求解结论是正确的。

煮好的饺子出锅了，动手又动脑的劳动成果真香啊。

教师点评

本成果来自生活中的包饺子。同样多的面，到底是包大饺子用的馅多，还是包小饺子用的馅多呢？饺子皮是表面积，包好的饺子假设为球形，包的馅多馅少视为球形的体积变化，建立体积与表面积关系的模型，对比分析，并通过实践数据进行模型验证，分析得到模型的合理性。

成果 11 如何在极坐标内"知三求一"

杨久昀

 问题背景

2023年11月19日，我偶然看了中国空军八一飞行表演队在迪拜航空展上的一段精彩的表演视频。在万众瞩目下，六架歼十战机组队腾空而起，时而直冲云霄，时而俯冲大地，时而交叉翻滚，它们一会儿一字排开，一会儿排成三角形，一会儿排成平行四边形，引起观众不断喝彩，我非常震惊于他们高超的驾驶技术。

通过查阅资料，我知道了飞行表演不光是为了好看，而是为了实战。精彩表演的背后不仅是因为驾驶员的技术高超，更是因为有战机先进的技术作为保障。

❓ 提出问题

于是我想，表演队是如何做到一架飞机在前面领航，其他飞机在空中与此架飞机始终保持一定的距离和位置的呢，它们是怎么在高速运动中始终保持那些造型呢？是如何在技术层面计算和确定自己的位置呢？尤其在最不稳定的平行四边形队列上。

⏰ 分析问题

探究在飞行中确定战机各自的位置，需要借助坐标系。在数学上，位置对应

坐标系内的坐标，也就是我们需要想办法建立坐标系确定战机的坐标。

如何建立坐标系呢？是建立平面直角坐标系还是极坐标系（这个我听过但还没学过）？

建立模型

于是我想到了老师曾经讲过的，在平面直角坐标系中知道平行四边形的三个顶点的坐标，求另外一个顶点坐标的方法（就是"知三求一"）。具体步骤为作垂线，平移距离，由已知A、B、C的坐标，就可以求出D的坐标。如图11-1所示，在$\square ABCD$中，$A(0,0)$，$B(a,b)$，$C(c,d)$，则有$D(a+c,b+d)$。

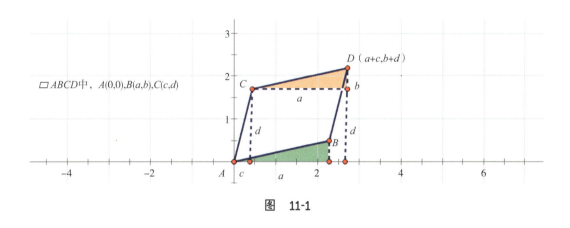

图 11-1

除了平面直角坐标系，我们还了解了极坐标系，如图11-2所示。

极坐标由一个点和一条射线组成，其中那个点称为极点，射线称为极轴，方向为正方向，在射线上取一个单位长度。要用极坐标来表示某一点的位置，需用半径坐标与角坐标来表示。这个点到极点的距离叫极径（半径坐标），极径与极轴所成的角为极角（角坐标）。在航空和航海领域，极坐标系往往比平面直角坐标系好用，因为极坐标系不需要运用太多次三角函数原理来推算平面

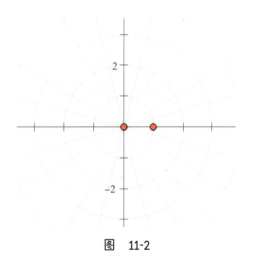

图 11-2

直角坐标系里点的 x、y 坐标。

我决定把领队战机当作 A 点，其他飞机分别当作 B、C、D 点，组成了 $\square ABCD$。那么，在极坐标系中，如何去计算 D 点的坐标呢？计算过程会不会比平面直角坐标系更便捷呢？由此，我想探究在极坐标系内"知三求一"的方法。也许，工程师和飞行员们也会用过这个方法来计算飞机的坐标位置吧。

模型求解

1.探究思路和探究方法

先去探究一条线段在轴上且线段的一个端点是极点的平行四边形中的坐标规律，再去探究一个点是极点的平行四边形的规律，在这两个探究的基础上再探究任意的平行四边形的规律。

本文运用的探究方法有作图法、分析法、数据计算法和论证法。

2.一条线段在轴上且线段的一个端点是极点的平行四边形

如图 11-3 所示，在 $\square ABCD$ 中，$A(0,0°)$，$B(a,0°)$，$C(b,\theta)$，求 D 点坐标。

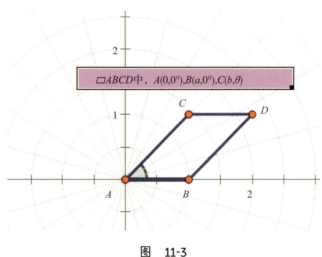

$\square ABCD$ 中，$A(0,0°),B(a,0°),C(b,\theta)$

图 11-3

如图 11-4 所示，作 C 点到 AB 的垂线段，也等于 B 点到 CD 的垂线段长和 D 点到 x 轴的垂线段长，求出以 D 点到 x 轴的垂线段 DL、$\square ABDC$ 的对角线 AD 和 AL 围成的直角三角形的两条直角边的长度，即可利用勾股定理求得半径坐标AD，用反正切（arctan）得出夹角$\angle DAL$，从而求出所求的第四个点的坐标。

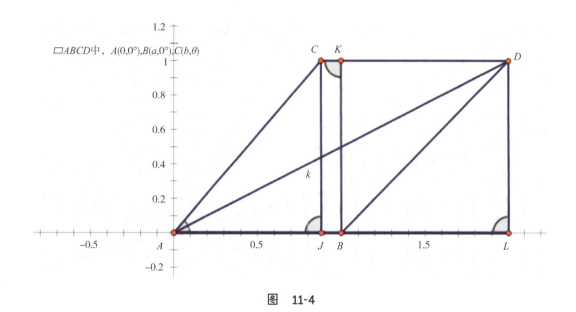

图 11-4

具体思路： 作$CJ \perp AB$于J点，作$BK \perp CD$于K，过点D点作AB的垂线DL，交AB延长线于L点。

$BK = CJ = DL = b \cdot \sin\theta$（矩形$BJCK$），$AJ = BL = KD = b \cdot \cos\theta$（矩形$BLDK$）。

$$AD = \sqrt{AL^2 + DL^2} = \sqrt{(b \cdot \cos\theta + a)^2 + (b \cdot \sin\theta)^2}$$

$$\angle DAL = \arctan(\frac{DL}{AL}) = \arctan\left(\frac{b \cdot \sin\theta}{b \cdot \cos\theta + a}\right)$$

$\therefore$ 可得 D 点坐标为 $\left(\sqrt{(b \cdot \cos\theta + a)^2 + (b \cdot \sin\theta)^2}, \arctan\left(\frac{b \cdot \sin\theta}{b \cdot \cos\theta + a}\right)\right)$

这样我们就求出了D点坐标。

3. 一个点是原点的平行四边形

在图11-4的基础上，旋转整个图形，让AB偏离x轴，我们是否还可以求出D点的坐标呢？

如图11-5所示，可以看出，旋转后的图形只是四个顶点的角坐标变了，其他性质都没变，没有像平面直角坐标系那样点的x和y坐标都变了。既然极坐标只是角度改变了，那么在求点坐标的时候把图形的底边旋转到x轴上（就是让B的角坐标变0），再按之前的方法去做，问题就解决了。

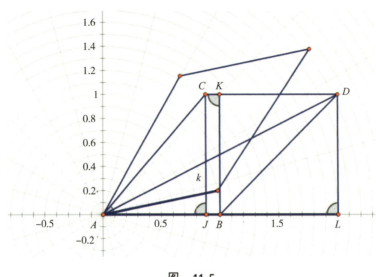

图 11-5

4. 任意的平行四边形

如果我们把平行四边形的A点脱离原点，那么只要再构造一个坐标系，使得原点为平行四边形的一个顶点，就可以求出三点变化后的"新坐标"。旋转平行四边形，直到与新的x轴重合，如图11-6所示，即可根据上面的方法求出D点在新坐标系中的坐标。再根据新坐标求出D点在原坐标系中的坐标。

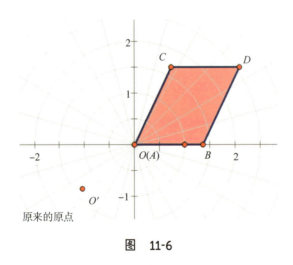

原来的原点

图 11-6

以下是一个点在两种坐标系之间的坐标互求的步骤。

（1）知新坐标求原坐标。以图11-7为例，原坐标系以B为原点，极轴为射线BE；新坐标系以A点为原点，极轴为射线AF。并且，两个坐标系长度单位与角度单位相等，正方向相同，$AF /\!/ BE$。延长FA，EB，构成直线x，直线b。过A点作直线x的垂线y，过B点作直线b的垂线a。A点在原坐标系中的坐标为(j,α)，D点在新坐标系中的坐标为(k,β)，连BD，求D点在原坐标系中的坐标。

设$DE \perp b$且DE过F点。（此图是A点在B点右上方的一种特殊情况，若要全部列举过程与图象将会极为复杂，限于篇幅，只做出了一种情况的图。）

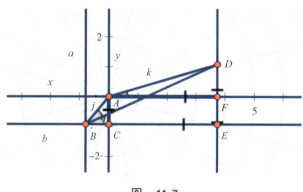

图　11-7

可以求出BD以及$\angle DBE$（arctan）。

$\because AF /\!/ BE$，$x \perp y$，$a \perp b$

$\therefore AC /\!/ FE$，$\angle ACB = \angle DFA = \angle DEB = 90°$。

$\therefore AC = j \cdot \sin\alpha = FE$，$AF = k \cdot \cos\beta = CE$，

$BC = j \cdot \cos\alpha$，$DF = k \cdot \sin\beta$

$\therefore BD = \sqrt{DE^2 + BE^2} = \sqrt{(j \cdot \sin\alpha \pm k \cdot \sin\beta)^2 + (j \cdot \cos\alpha \pm k \cdot \cos\beta)^2}$

（B在AC左侧时，二次根式左括号内为+，在AC右侧时，二次根式左括号内为−；B在AF上侧时，二次根式右括号内为+，在AF下侧时，二次根式左括号内为−）

$$\angle DBE = \arctan\left(\frac{DE}{BE}\right) = \arctan\left(\frac{j \cdot \sin\alpha \pm k \cdot \sin\beta}{j \cdot \cos\alpha \pm k \cdot \cos\beta}\right)$$

（2）知原坐标求新坐标。在图11-8的基础上做一些改动：我们现在不知道D点在新坐标系中的坐标为(k,γ)，只知道D点在原坐标系中的坐标为$(1,\theta)$。我可以知道BE和BC，求出AF。再通过三角形内角和求出$\angle ADF$，即可求出$\angle DAF$（三角形内角和）与AD。

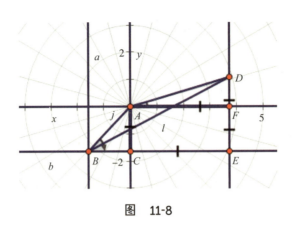

图 11-8

模型结论

在极坐标系"知三求一"的步骤是:

（1）先构建一个极点与平行四边形的一个顶点重合的、极轴平行于原坐标系的、长度单位与角度单位和原极坐标系相同的新极坐标系。

（2）求出原平行四边形在新坐标系对应的坐标。

（3）将平行四边形旋转到底边与极轴平行，算出第四点的对应坐标，减去旋转的度数，求出其在对应坐标系中的坐标。

模型收获

我通过老师在课上讲的"知三求一"方法探究了平行四边形在极坐标系中的坐标规律。极坐标系在一些方面确实比平面直角坐标系好用，不过过程也很复杂。这次探究让我更好地了解了平行四边形的性质和判定，同时，也让我学习到了很多知识。

首先，可以用极坐标来解题。很多的题都会用到平行四边形的"知三求一"，并且极坐标的"知三求一"在解题过程中的解决"旋转"内容相较于平面直角坐标系简单很多。其次，可以更深入地了解极坐标系与平面直角坐标系的联系与不同，熟练运用两类坐标系之间的运算。最后，在航空领域，战机需要知道敌机与自己的方向和距离，此时用极坐标系就显然比直角坐标系好。如果计算机用直角坐标系计算敌机位置的话，可能会出现"敌机已经发射炮弹了，自己的敌机目标锁定程序还在用三角函数计算"的情况，我方就会处于劣势。或者，就以前文中战机表演为例，战机保持阵型，需要不断地进行"知三求一"的运算。而若直接运用平面直角坐标系，需要将极坐标转换为直角坐标，并反复地运用三角函数，相应地，计算时间将会延长。战机时速很高，并且战机表演保持的平行四边形队形稍有偏差就会显现出不美观且容易发生事故。特别地，在航海领域，平面直角坐标系相较于极坐标系而言很不方便。例如开船，极坐标系的角坐标和半径坐标明显就比平面直角坐标系的x坐标y坐标好用。我国科考船队一般由破冰船、科考船、保障船组成。破冰船在前面开路，科考船随后拓宽航道，保障船在最后运输物资。此时，保障船的作用将极为重要。如果保障船偏离航线，就会掉队或是卡在冰里被困，此时整个船队都会陷入危险的境地。因此，在前行中破冰船需时时给保障船提供坐标。假定以破冰船为A点，最左侧的科考船为B点，最右侧的科考船为C点，即可用"知三求一"计算出保障船的最佳位置，进而推断出其最佳航线。

平行四边形具有很多特殊的性质，在许多数学应用中具有重要意义。如在计算机图形学中，平行四边形是基本图形之一，可以用于构建更复杂的形状和动画等；在物理学中，平行四边形也是描述光的行为和量子力学中波函数的工具等。

教师点评

本成果中，久昀同学从观看战机的飞行表演引发了自己的思考——如何在高速运动中极快地求出飞机的位置？飞机飞行通过什么数据进行交流的？角度和距离是在什么坐标系下求解的？这些可以分析得更清楚一些。本探究的亮点是将问题转化为数学模型，通过自主学习人教A版《高中数学 选修4-4》中的极坐标系知识对模型分类探究，进行了求解，从特殊到一般，再进行归纳总结。这是数学学习的一般方法，值得学习。

成果 12

球的表面积

郭飘杨

问题背景

养过猫的同学肯定知道，冬天，猫经常会把身体缩成一团，靠在暖气片上。因为这样做，猫露在外面的表面积会更小，更有利于保暖。

我们已经学过很多平面图形的面积，如长方形、三角形、圆等。但我们是生活在一个立体的世界里，我们身边的物品有很多都是立体的，它们不止有一个面。为更好地了解我们的世界和身边的物体，更好地利用它们，我们不仅需要了解平面图形，更需要对立体图形进行研究。

一般来说，魔方是正方体的，文具盒是长方体的，胶棒是圆柱体的，庆祝生日时用的帽子有些是圆锥体的……它们的表面积都很好计算，因为它们的表面展开都是由平面图形组成的。例如：正方体有6个正方形的面，如果正方形的边长为a，则表面积是$6a^2$；长方体有6个面，两两对应的面相等，如果长、宽、高分别为a，b，c，所以表面积是$2(ab+ac+bc)$；圆柱体展开后，侧面是1个长方形，底面是2个圆，如果圆柱体的底面半径是r，高是h，则圆柱体的表面积是$2\pi r(r+h)$；圆锥体展开后也可以得到1个扇形和1个圆，如果圆半径是r，弧长是l，则圆锥体的表面积是$\pi r^2+\pi rl$。总结之后，我发现，除上述立体图形外，我们熟悉的还有球，它的表面积怎么求呢？

提出问题

球的表面积怎么求呢？

分析问题

一个圆围绕其一条直径（即中轴）旋转一周就形成了球，但这一形成过程并不是简单地把圆叠加在一起。它是圆的，不论从哪个方向看，都是一个曲面。应该怎么计算球的表面积呢？

我想到了一个好办法就是将曲面化成平面。于是我找到了一个橘子，将其看成球，首先，将皮切出2个半球形。但半球依旧是曲面，不能用平面图形的方法计算。于是，我继续把它们切得更小。将其中一半竖着切，如图12-1所示；另一半横着切，如图12-2所示。我发现竖着切的形成了一个个近似的等腰三角形，继续将这些三角形细切，直到它们能够平铺在桌面形成一个大大的圆饼，这个圆饼的直径就是球大圆周长的一半。而横着切的呢，则会形成一个个大小不一的同心圆，再将它们剪开的话，就会形成一个个近似平行四边形的图形；如果切得足够细，它们就近似于长方形。如果我将这些三角形和长方形的面积加在一起，不就是球的表面积了吗？所以把球的表面分割成很多小的平面图形才是关键。那么如何求出这些小的平面图形的面积呢？将球切成n个四棱锥，四棱锥体积$=\frac{1}{3}$底面积×高，n个四棱锥底面积和就是球的表面积，我决定通过先求出球的体积，再用建立的模型公式倒推出球的表面积。

图 12-1　　　　　　　　图 12-2

建立模型

将球切成n个四棱锥，如图12-3所示，此时球的体积$V_{球}=\frac{1}{3}S_i R$，$i=1, 2, 3, \cdots, n$。其中，$S_1 + S_2 + \cdots + S_n = S_{球}$，所以我先求出$V_{球}$，再求出$S_{球}$。

图 12-3

 模型求解

如图12-4所示，将一个半径为R的球的一半n等分，形成n个圆，每个圆的高

为$h = \dfrac{R}{n}$。

$$V_{\text{半}} = V_1 + V_2 + \cdots + V_i\,(i = 1, 2, \cdots, n)$$

$$n \to \infty : V_i \approx \pi R_i^2 \dfrac{R}{n}$$

$$V_{\text{半}} \approx \pi R_1^2 \dfrac{R}{n} + \pi R_2^2 \dfrac{R}{n} + \pi R_3^2 \dfrac{R}{n} + \cdots + \pi R_n^2 \dfrac{R}{n}\,,\ R_i = \dfrac{i-1}{n}R$$

将 R_i 代入上式。

$$
\begin{aligned}
V_{\text{半}} &= \pi R_1^2 \dfrac{R}{n} + \pi R_2^2 \dfrac{R}{n} + \pi R_3^2 \dfrac{R}{n} + \cdots + \pi R_n^2 \dfrac{R}{n} \\
&= \pi R^3 \left[1 - \dfrac{0^2 + 1^2 + \cdots + (n-1)^2}{n^2} \right] \\
&= \pi R^3 \left[1 - \dfrac{\left(1 - \dfrac{1}{n}\right)\left(2 - \dfrac{1}{n}\right)}{6} \right] \\
&= \dfrac{2}{3}\pi R^3 \ (n \to \infty)
\end{aligned}
$$

所以：$V_{\text{球}} = \dfrac{4}{3}\pi R^3$。

得到了球的体积，就可以求它的表面积了。如图12-4所示，把一个球任意分割成n份，形成n个"曲面图片"。

$$S_球 = S_1 + S_2 + \cdots + S_i + \cdots + S_n$$
$$n \to \infty \text{，} h \to R$$
$$V_球 = V_1 + V_2 + \cdots + V_i + \cdots + V_n$$
$$= \frac{1}{3}R(S_1 + S_2 + \cdots + S_i + \cdots + S_n)$$
$$= \frac{1}{3}RS_球 = \frac{4}{3}\pi R^3$$

所以：$S_球 = 4\pi R^2$

所以球的表面积公式是$4\pi R^2$。

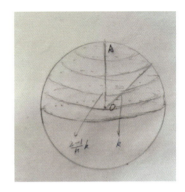

图 12-4

模型结论

通过对球的体积和表面积计算公式的探究，我发现球作为一个整体，可看作由无数微小的"局部"或"部分"组成；反过来，这些微小的局部也可以组成一个整体。

模型收获

经过这次探究，我感受到了学习数学的乐趣，也更愿意学习数学了，我期望在以后的学习中发现更多奥秘。

教师点评

本成果中，飘杨同学通过切分橘子形象地介绍了球的表面积的求法，抓住了"局部"和"整体"的关系。这也是微积分的思想，用微积分的思想求球的表面积和体积，而没有"拿来主义"直接套用公式。追本溯源，这是真实的学习产生和发展的过程。经过这次探究，飘杨同学对数学的好奇心和求知欲被激发出来了。

比例模型

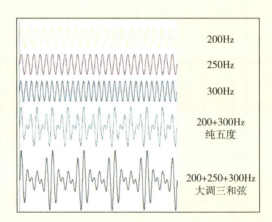

200Hz

250Hz

300Hz

200+300Hz
纯五度

200+250+300Hz
大调三和弦

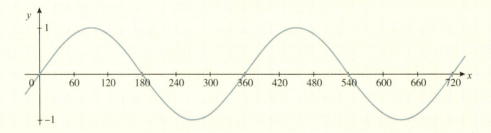

成果13　"一指深"水蒸米饭的研究

郭飘杨

问题背景

学校提倡"舌尖上的五育"，倡议给爸爸妈妈做饭。我认为米饭在一日三餐中都不可或缺，而且蒸米饭看起来也很容易，所以我决定先从蒸米饭开始。但当我真正动手做的时候才发现，原来蒸米饭也没有那么简单。

首先我遇到的第一个问题就是蒸4个人的米饭时要加多少水。于是我模仿姥姥的样子随意往锅里加了一些水，开始蒸饭。结果水加多了，米饭变成了粥。原来蒸米饭时是不能随意加水的。于是我便去询问姥姥蒸米饭时要加多少水。姥姥告诉我水要没过大米"一指深"，这"一指深"的深度是大拇指指尖到第一个关节底部的距离，按正常成年人的标准，大概是3cm，如图13-1所示。按照这样的方法，我蒸出的米饭非常的"Q弹"。原来，蒸4个人的米饭用没过大米"一指深"的水就够了。

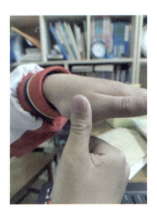

图 13-1

晚上爸爸带着爷爷、奶奶过来吃饭，需要准备的大米更多了。根据上午的经验，1个人要加"四分之一指深"的水，那7个人就要加将近"两指深"的水。结果，米饭变成了稠粥。难道我加的水量不对吗？我又问姥姥要加多少水。姥姥告诉我，不论做多少人的米饭，只要加"一指深"的水就可以了。第二天中午，我按照姥姥的方法，果真蒸出了合适的米饭。那为什么不管做多少个人的米饭，都加没过大米"一指深"的水就够了呢？

我也与同学进行了交流，他们有的说加的水要没过手背（我测量了一下，相当于大拇指指尖到第一关节的高度，2～3cm），有的说加没过大米1~3cm深的水，其实他们说的这些水量都跟姥姥告诉我的相似——接近"一指深"的水量。我又上网查阅相关资料，发现网上也是"一指深"，甚至有一个外国人为此调侃，因为他们做面包的时候使用的原材料都要精确到克，对"一指深"的测量方法，他们觉得特别神奇。我下定决心要探究这个让许多人困惑的问题。

 提出问题

为什么不管做多少个人的米饭，都是加没过大米"一指深"的水呢？

分析问题

1. 实验目标
（1）算出蒸米饭合适的用水范围。
（2）算出蒸出软、弹、硬三种口感的米饭分别要加多少水。
（3）揭秘"一指深"魔法。

2. 实验方法
测量法，优选法（黄金分割法）。

3. 实验材料
一大一小2个烧杯，电饭煲，东北大米，水，直尺。

4. 实验步骤

我先观察了大米的形状，发现大米的形状是不规则的椭球形，其长、宽、高分别是4mm、2mm和1.5mm。将这些大米有序排列，会发现大米和大米之间有空隙。

接着我把这些米又倒入烧杯里，烧杯的刻度显示大米的体积是300mL，如图13-2所示。仔细观察会发现烧杯里的

图 13-2

大米是无序排列的，所以中间也有很多空隙。

　　结束观察后，往大烧杯里倒入250mL的水，本以为此时大烧杯的水位应该是550mL，但是我惊讶地发现，刻度显示的却是400mL，如图13-3所示。那么150mL的水去哪里了？所以300mL的大米可以容纳150mL的水。因为蒸米饭要洗米，所以我就直接用烧杯把大米洗了几遍。控干水分后重新倒入大烧杯，这时发现米占据的空间竟然由400mL变成了450mL，如图13-4所示。难道是米粒变大了吗？

图　13-3　　　　　　　　　　　　　　图　13-4

　　通过测量，我发现米粒的大小并没有改变，查阅资料后，我得知这应该是水的表面张力造成的现象。搓洗后，水更加均匀地分布在大米的表面和缝隙中，使得大米被水包裹起来了，即水的表面张力和支撑力让大米和大米之间的空隙更大了，好像大米变多了一样。所以这"一指深"魔法加的水量一定是洗完米以后加的水量。

　　于是，我在搓好的大米里加了250mL的水，烧杯水位显示"一指深"，我把水和大米倒入电饭煲中开始蒸饭。但出乎意料的是魔法竟然失效了。蒸出的米饭非常干，干得跟一粒粒子弹一样。这到底是什么原因呢？

　　我又重新蒸了一次米饭，突然发现烧杯的直径是10cm，电饭煲的直径是21cm，难道是容器的尺寸引起的吗？于是我把烧杯里的大米和水都倒到电饭煲里。这时惊喜地发现"一指深"魔法没有失效，因为250mL的水在大烧杯里显示"一指深"（约为2.5cm），但倒入电饭煲里却不到"一指深"（约为0.6cm），公式为 $h = \dfrac{V}{S}$。经过计算，想要让"一指深"魔法生效，需要在锅里加大米和水，水比大米高"一指深"。

我把手伸进电饭煲里面，比着手指头又加了250mL的水。这样电饭煲里本身的水加上这些水后，就将近"一指深"了。米饭蒸熟了以后，我发现这次蒸成功了，但是和姥姥蒸的口感还是有差距。我想可能是因为人的手指头长短不一样才会造成这种差距。

我仔细地观察了姥姥、弟弟、爸爸和我的手指，发现每个人的手指的长度各不相同。这让我意识到需更准确地控制水量。为了找到蒸米饭的最佳水量，我决定采用华罗庚的优选法（黄金分割法）进行计算。

建立模型

优选法，以数学原理为指导，合理安排试验，以尽可能少的试验次数尽快找到最优方案的科学方法，即最优化方法。这里选用0.618法，它是一种直接搜索方法，通过等比例缩短区间来寻找最优解。

模型求解

首先，我要找到蒸米饭用水量的最小值，现在已经知道了250mL以下的用水量是不能蒸米饭的。目前已知的能蒸米饭的最高用水量是500mL，我决定通过这个区间求出蒸米饭时最少的用水量（即最硬的口感）。

按照公式"（最大值−最小值）×0.618+最小值"计算最硬口感的用水量，得到的是404.5mL，这时单粒米饭的体积约为96mm³，这样蒸出来的米饭表面发干，看起来比较坚硬，中间有点硬芯，所以我认为这个水量不适合蒸米饭。所以我把404.5mL以下的数值全部舍去，把404.5mL和500mL分别作为最小值和最大值，得到第二个值为463.519mL，这时单粒米饭的体积约为108mm³，米粒瘦长紧实，表面有光泽，没有硬芯，所以，463.519mL作为米饭最硬口感的用水量。

接下来，我开始寻找蒸米饭的最软口感的用水量，以500mL所在的点为平分点，为了让实验更加精确，我算出404.5mL的对称点为595.5mL，这时大米的体积约为200mm³，大米和大米之间有多余的水分，太潮湿。说明这并不是一个好点，高于595.5mL的都可以舍去。以595.5mL为最高点，500mL为最低点求最佳值。求得第二个值为559.019mL，发现大米的体积约为200mm³，和之前一样。但米粒之间没有多余的水分，米粒也没有破损，米粒的表面之间有些粘连。所以选择这个用水量合适，一旦用水量超过这个值，米饭就会逐渐变成粥。

然后，我开始计算得到米粒最佳（弹）口感的用水量。取最大值为559.019mL，最小值为463.519mL，计算得到522.538mL，这时的体积约为150mm³，米粒不干也不湿，但还是没有姥姥做的米饭那种"Q弹"的感觉。第二次计算得到545.083258mL，大米的体积和上一次变化不大，外表区别也不大，但口感更弹，因此可以把它作为最弹的口感。

模型结论

（1）蒸大米的用水量可以是464～559mL，从大米的表面到水的表面高度是1.3～1.6cm，相当于普通人"一指深"。

（2）硬的最佳口感是加464mL水，软的最佳口感是加559mL水，弹的最佳口感是加545mL水。

（3）"一指深"魔法生效有两个决定因素：锅的大小和生大米本身储水量。

（4）每100mL的大米空隙内可储存50mL的水量，随着米量的增加，米的储水量也会增加，"一指深"魔法的水量=464～559 mL+大米空隙的储水量。例如300mL大米其实需要615～709mL水，如果增加100mL大米，即400mL大米用水量其实是665～759mL。这就是"一指深"魔法的秘密。

当然有人会提出，我用的是北方大米，它的口感和南方大米完全不同，含水量也不同，那么，"一指深"魔法还会有效吗？

对此，我查阅了相关资料，发现中国大米的含水量在14.5%～15.5%，虽然南方早稻的含水量比北方略低，但影响其口感的并不是大米的含水量而是大米中的淀粉成分。北方大米中支链淀粉含量较高，直链淀粉较低；而南方大米中直链淀粉含量较高。直链淀粉口感偏硬，支链淀粉口感偏黏，因此我们吃东北大米时觉得"Q弹"，而南方大米干硬。

因此，"一指深"的魔法永远不会失效。

模型拓展

有些人可能会问：锅圈大小并不一致，那么"一指深"魔法仍然好用吗？我测试了锅圈直径分别为19cm、21cm、23cm时，水位下降幅度均不超过0.3cm，说明"一指深"魔法仍然有效。

模型收获

为了这次探究，我查阅了很多资料，也去超市购买了各种大米，经过了多次实际调查和实验，蒸了很多次米饭，观察分析了多种大米的不同之处，才写出这篇探究成果。我深刻体会到了科学工作者的不容易，更加尊重科学，也更加尊重从事科学研究的人了。同时，我熟练掌握了蒸米饭的方法，再也不用担心会把米饭做成粥了。

教师点评

本成果从蒸米饭的生活经验入手，通过调查了解发现蒸米饭用水量大概都是"一指深"，原因是什么呢？飘杨同学深入探究了其原理，设计实验，查阅相关理论，最后用华罗庚院士的优选法给出了一个完美的解释。从发现问题、提出问题、分析问题、设计实验、得出结论并进行数据分析，还对实验结论进行了进一步的解释，得出不管锅的材料和大小，也不管是南方还是北方，"一指深"蒸米饭的魔法都是有效的。探究步步深入，分析层层入理。劳动带给我们的思考，不仅锻炼了动手能力，还提高了知识水平。众所周知："实践出真知""实践是检验真理的唯一标准"。

成果 14 从《孤勇者》弹起——浅谈音乐调式与数学之间的关系

郭飘杨

问题背景

歌曲《孤勇者》一经发布，便成了各大音乐榜的头名，音乐App和各大网站都"响"起了魔幻版本的《孤勇者》及各种改编版，蕴含着丰富的情感，如勇气、热血、抚慰、治愈……

提出问题

我计划尝试改编《孤勇者》，那有多少种改编方式呢？能不能从数学角度来探究音乐调式呢？

分析问题

提起音乐与数学，似乎它们是毫无关联的。在很多人的意识中，音乐代表感性，它能表达各种各样的情绪，如高兴、恼怒、抑郁……而数学似乎只能代表理性，与它相关联的似乎只有数字、线段、图形、定理……

我开始也是这样认为的，认为情感的表达就是音乐的全部。学会使用各种各样的音乐技巧来提高音乐的表现力，让音乐更加富有生命力。弹的曲子越多，使用的技巧越多，我却越来越清楚地意识到技巧只能提高乐曲的表现力，让情感表达得更丰富，富有层次感，但无法改变乐曲的基调。因为调式是固定的，调式的变化是有数学依据的。音乐调式与数学有什么关系呢？我想通过探究调式和数学的关系，提高自己的创作能力和音乐的表现力。

我先用音乐的12平均律里的方法演奏《孤勇者》，把它用30种不同的调式弹出来。如我所料，同一乐曲在30个调中，表达出的情感差异非常明显，如B调坚定，C调明朗，#c小调阴郁……这些调式的情感色彩是无法用音乐技巧改变的。

那为什么相同的音符放在不同的调式里，呈现的效果那么不一样呢？因为钢琴是用弦发声的乐器，它的发声是由手指按动琴键，琴键通过杠杆原理带动琴锤，琴锤敲击琴弦，琴弦振动而发声的。

因为琴弦的长短不同，粗细不同，发出的音高不同。以调准音后尤克里里的C品弦为例，如图14-1所示，C品弦的主音是C4，琴颈上面分布着品丝，弹奏时通过按压不同的品丝控制琴弦的长短，让它发出不同的音。尤克里里上有4根弦，粗细不同，松紧不同，主音也不同。因此不同的琴弦，相同的长短发出的音也是不同的。

图 14-1

建立模型

根据上面的分析，我们了解到琴弦的长短和粗细会影响到琴音。同时，根据我学习过的乐理知识，我决定通过相邻琴弦长度的比例关系来探究音乐调式的秘密。而琴弦长度和频率是成反比的，所以我们可以转化为求频率与音乐调式的关系来探究音乐调式的秘密。

模型求解

音高之间的规律有什么具体的标准呢？就拿我演奏这个乐曲的钢琴为例。我们知道音高是物体振动的频率决定的，2个音在音高上的相互关系就叫音程。当2个音的音高频率比例为1：2，它们就构成了一个八度音程（比如从C4~C5）；当2个音的音高频率比例为2：3时，是纯5度音程；比例是3：4时，是纯4度音程。如果将一个纯5度音程叠加一个纯4度音程，就能得到一个八度音程。用数学公式表示就是：$\frac{3}{2} \times \frac{4}{3} = \frac{2}{1}$。

接下来，用纯5度音程的比例3：2为底数写下来，写出一组等比数列：$\frac{2}{3}$，1，$\frac{3}{2}$，$\frac{9}{4}$，$\frac{27}{8}$，$\frac{81}{16}$，$\frac{243}{32}$。为了让每个数都小于2，我们将后面4个数分别除以2，超过2再除以2，得到数列：$\frac{2}{3}$，1，$\frac{3}{2}$，$\frac{9}{8}$，$\frac{27}{16}$，$\frac{81}{64}$，$\frac{243}{128}$。之后将这7个数从小到大排列，就可以得到全音阶。如果我们还想知道每个音的相对关系，那就让相邻的两个数相除（小数除大数），就得到现代音乐的数学基础。

这个以3：2为公比的等比数列是怎么应用于钢琴的呢？ 我们需要拿一个具体的测量数据换算一下，以中央C上方A的频率F=440Hz为例，这是1939年5月国际标准化协会指定的第一国际音高。它的制定依据是：如果音乐想在表达上和谐，那波的频率在数学上要成倍数关系，A4就是一个基础音。

接下来，我们将这个基础音用它的2倍表达出来，得到2F=880Hz。我们还可以通过这种方法得到这组中其他的A音，它们之间的间隔都是一个八度。

然后，我们将这个基础音用它的3倍表达出来，得到3F=1320Hz，我们还可以求出这组其他的E音，它们之间的间隔还是一个八度。我们发现这组音和上一组音相邻两组之间呈现3：2的关系，和440Hz（A4）对应的音是660Hz。

以660Hz为基准，我们可以得到和它3：2关系的第3组音1980Hz，再求出第3组中其他的B音。我们还可以通过这种方法一直求到第12组音。求完了第12组音，这时，你就可以发现，它们形成了3：2的等比数列，这就是3：2公比数列在数学中的应用。

我们将计算的数据记录下来，见表14-1。

表　14-1

A	55	110	220	440(F)	880	1760	3520
E	83	165	330	660	1320	2640	5280
B	62	124	248	495	990	1980	3960
#F	46	93	186	371	743	1485	2970
#C	70	139	278	557	1114	2228	4455
#G	52	104	209	418	835	1671	3341
#D	78	157	313	626	1235	2506	5012
#A	59	117	235	470	940	1879	3759
F	44	88	176	352	705	1410	2819
C	66	132	264	529	1057	2114	4229
G	49	99	198	396	793	1586	3172
D	37	74	149	297	595	1189	2379
A	56	112	223	446	892	1784	3568

但在计算过程中，我们也发现了问题。以第12组音里的297Hz为基准，以相同的方式处理，应该还能回归到440Hz，但是它却产生了第13组音446Hz，这差别非常小，人耳并不容易辨识，但却会影响到钢琴音阶的回归性，因为我们的钢琴一组音只有12个音，这12个音会形成一个周期。

这个误差怎么来的呢？ 它来源于每组之间的倍率，较大的9：8（1.125）代表一个全音，较小的256：243（约1.053）代表一个半音，这两个倍率之间的差虽不到0.1，但会影响我们演奏时调式的转换。

但这个问题已经解决了，因为明朝朱载堉（1536—1610，朱元璋九世孙）找到了真正的倍数关系：$\dfrac{T_{n+1}}{T_n} = \sqrt[12]{2}$。因此，和440Hz对应的音就不再是660Hz了，而是约等于659Hz。用这样的方法，每12个音就形成了一个完美的集合，这让我用同一首歌曲弹出30个调式有了数学基础。

钢琴按照这种规律，被分成了0到8组（A0~C8），除了0组、8组，每组琴键都是12个音，每12个音都是一个周期，形成了一个完整的闭环，它们分别是：A、#A、B、C、#C、D、#D、E、F、#F、G、#G。这些音将1个八度分成12个相对均等的音程，这些次序排列的音程便是形成不同调式的基础，如图14-2所示。

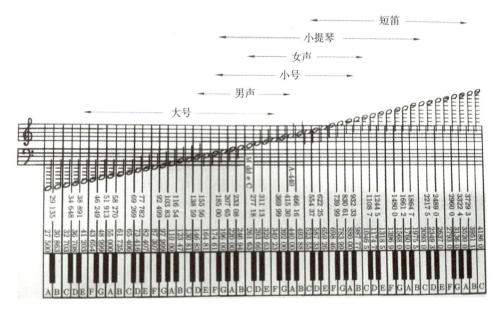

图 14-2

因为音与音之间的倍数关系，我们以C→D→E→F→G→A→B→C的顺序弹出来时，听到的是Do，Re，Mi，Fa，Sol，La，Si，Do。但当我以D→E→#F→G→A→B→#C→D的顺序演奏的话，对那些没有专门深入学过音乐的人来说，它们听到的还是Do，Re，Mi，Fa，Sol，La，Si，Do。按这种方式，你可以轻松弹出30种不同的"Do，Re，Mi，Fa，Sol，La，Si，Do"。

模型拓展

为什么只是改变了基础音的位置，它们表达的情感就会有差异呢？那我们又要提到声音的频率了。还以C→D→E→F→G→A→B→C（第1组）和D→E→#F→G→A→B→#C→D（第2组）为例，它们的频率见表14-2。

表 14-2

	第1个	第2个	第3个	第4个	第5个	第6个	第7个	第8个
第1组	261 63	293 66	329 63	349 23	392 00	440 00	493 88	523 55
第2组	293 66	329 63	369 99	392 00	440 00	493 88	554 37	587 33

我们可以发现，第2组和第1组对应的音都成倍率变化，这个倍率是$\sqrt[12]{2}$。同样第1组每个音之间的倍率是$\sqrt[12]{2}$，第2组音之间的倍率也是$\sqrt[12]{2}$。这就意味着你听到的每组音的音高不一样。两组音程相距得越远，它们之间的倍率就越大，所以表现的音高差异就越大。比如C→D→E→F→G→A→B→C和A→B→#C→D→E→#F→#G→A，你会觉得前边的很沉闷，后边的很清亮。这种差异的原因我们可以打开琴盖直接观察到，图14-3a所示是低音区，这些琴弦很粗，每根琴弦是由好几根铜丝缠绕成的；图14-3b所示是高音区，琴弦是细钢丝。我们在科学课上学过，发声物体振动的频率，与发声物体的粗细有关，粗琴弦的振动频率小于细琴弦的振动频率，所以它们发出的音调声音差异很大。

这些音调没有办法用眼睛分辨，但可以用声波分析软件展示，图14-4展示了不同频率声音的波形，它们的密度不同，变化周期也不同。

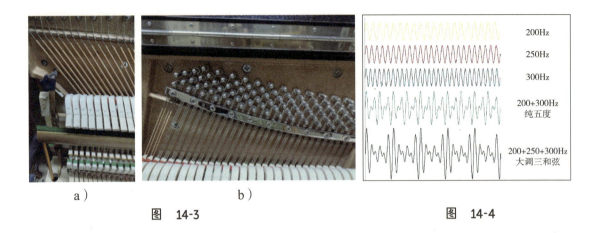

a）　　　　　　　b）

图　14-3　　　　　　　　　　　图　14-4

每个调式的基准音不同，波形自然也就不同。当然，它们组成音乐时，形成的大周期也就不同。

我们以 x 轴为时间，y 轴为距离，还以A-440为基准音，因为一个音程的音有回归性，轨迹可以用三角函数 $y=\sin x$ 表示，如图14-5所示。

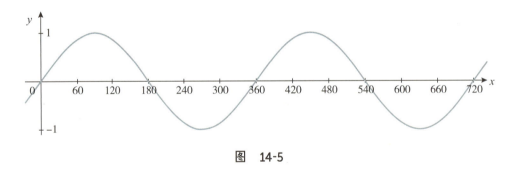

图　14-5

为了便于计算，我继续使用3∶2的公比，我把频率翻倍得到了另外一个曲线 $y=\sin 2x$，如图14-6所示。

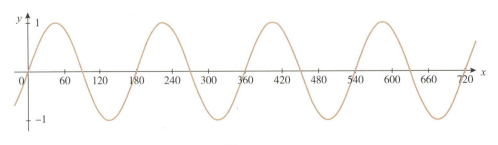

图　14-6

因为声波的延续性，如果连续弹奏这两个音的话，将会形成一个新的函数 $y=\sin x+\sin 2x$，如图14-7所示。

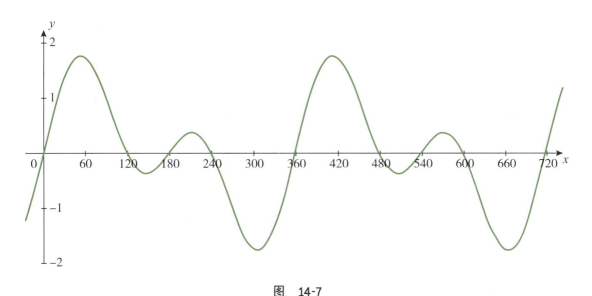

图 14-7

我把图14-5、图14-6和图14-7的波形相比较，发现图14-5的周期是360°，图14-6的周期是180°，图14-7的波形周期是360°，虽然图14-7是图14-5和图14-6波形的公倍数，但它的波形图已经和图14-5和图14-6波形的差异变得非常大了。

这只是两个音，如果是12个音呢？它们组成的波形变化差异肯定更大了，周期也会发生变化。

因为倍率的存在，虽然调式看起来好像只是做了简单的平移，但这些调式形成的混合声波会完全不同，频率也会不同。

但如果同样是一个5度和弦，却属于另外的一个调式，这些音的频率发生了改变，周期性自然也就会改变，到人耳中，人自然也会产生不同的感觉。

下面的谱子是《孤勇者》B调中的前面部分，如图14-8所示。如果用B调弹奏，它的波形如图14-9所示；如果把它换成#c小调，因为每个音的频率都发生了变化，整个音乐的格局也变得不一样，如图14-10所示。

孤勇者

作曲：钱唐

图　14-8

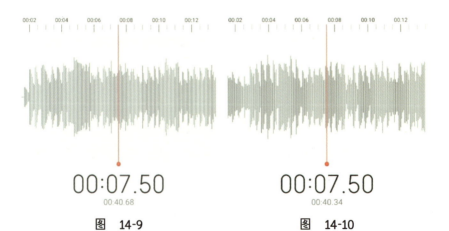

00:07.50
00:40.68

00:07.50
00:40.34

图　14-9　　　　　　图　14-10

如果把它们演奏出来，可以看它们的波形图，会发现波形图的区别非常大。

因为声波具有可以混合的特性，所以可从集合角度，把钢琴的一组12个音看作一个集合sum={A,#A,B,C,#C,D,#D,E,F,#F,G,#G}，再把每一个调式看作一个集合。以刚才演奏的两段《孤勇者》为例，集合B={B,#C,#D,E,#F,#G,#A}，集合#c={C,D,#D,F,G,#G,B}，它们都是集合sum的子集，用数学公式表达是：$B \subseteq$ sum，$\#c \subseteq$ sum。想象一下，30个子集当然可以弹出30种调式。

模型应用

创造新的乐曲

用C调编曲，每个调里有7个元素。以C拍为例，规定所选音符必须是四分音符，不使用任何升降调、装饰音，那每一小节就会有A_7^4种排列方法。但A_7^4只是一个八度内的C调的7个基准音，我们还要考虑到钢琴不止一个八度，这就相当于给一个小节增加了其他的维度，这样，每一个小节的变化就更加丰富了。

或者我们换一种方法去解释。以我们熟悉的魔方为例，3阶魔方每个面有9个色块，我们就把这9个色块看成一个八度选出的9个音，而魔方的6个面就看作是6个八度。从这个角度上讲，每个音符在空间上都有不同的空间方位。我们把魔方的一个角块标为A_4，再观察一下，魔方有8个角块，角块A_4可以有8种不同的位置放置，如图14-11。在另一个角块上标注B_4，B_4就有7种位置的可能。因为角块一共有8个，所以它就有8！种可能性去排列。我们再观察一下，每个角块有3个面，角块排列的可能性就变成了$3^8 \times 8!$种可能性。

图　14-11

继续观察，你会发现魔方还有12个棱块，每个棱块2个面，所以棱块可以得到$2^{12} \times 12!$种可能性。

因此，将棱块任意组合，可以得到$3^8 \times 8! \times 2^{12} \times 12!$种可能性。

我们都学过排列组合，知道在组合中都会产生重复，因此我们要把这种重复的概率都去掉，这样的话，一个可复原的音乐魔方的总状态数就是43 252 003 274 489 856 000种。但真正的钢琴一个八度是12个音，也不止6个八度，在考虑到其他的因素，它将会增加更多的维度，变化也是无穷无尽。

　　接下来，我要用Python编程实现这种数学理论。根据这个理论，程序生成了一首中国风音乐。图14-12就是我编写的部分程序。

```python
import pysynth
import numpy as np
import re

notes=np.array(["c4","d4","e4","g4","a4",])

duration=np.array([1,2,4,-2,-4,-8])

sn=[]
for t in range(16):
    n=np.random.randint(0,len(notes))
    note=notes[n]+'*'
    sn.append(note)

    for i in rangge(np.random.randint(3,5):
        note0=notes[np.random.randint(0,len(notes))]
        sn.append(note0)

dn[]
for i in range(len(sn)):
    duration=durations[np.random.randint(0,len(durations))]
    nn=sn[i]
    dn.append(duration)

melody=tuple(zip(sn,dn))
print(melody)

pysynth.make_wav(melody,fn =r"d:\test.wav")

print("ok")
```

图　14-12

模型结论

　　根据刚才的分析，我已经发现了数学和音乐具有很紧密的关系。根据3∶2的比例，我们根据纯五度音程得到了全音，同样对钢琴，我们也是将中央C上方

A的440Hz的频率，按照3∶2的公比得到8组不同的琴键（见表14-1），这8组琴键分别形成了12个相对均等的音程，按照不同次序排列的音程便是形成不同调式的基础。同时，我们借助声波分析软件来分析不同的音调，再根据声波可以混合的特性，按照集合理论形成不同的调式，从而揭开了调式的秘密。最后，我借助魔方进一步分析音乐音调的可能性，并借助编程创造了一首中国风的音乐。

模型收获

行文到这里，我可以清晰地看到音乐和数学的相关性非常强。不论是比例、排列组合，抑或是集合、三角函数，它们都在为音乐服务，因为它的存在，我才能让同一首歌弹出30个调式，展现出不同的风格。同时在这些数学理论的帮助下，我才能实现机器编曲。

教师点评

本成果从《孤勇者》谈起，探究了音乐调式和数学的关系，其中音乐知识扎实，数学分析深入。飘杨同学通过自主学习音乐与数学知识，反复地琢磨和思考，并应用到一首曲子上，给出了30个表达不同感情的调式。同时用魔方类比分析调式的可能组合，能感受到数学理论的基础作用。在探究过程中，飘杨同学自主学习了很多音乐知识及三角函数、概率等知识，并借助音频软件来分析调式的不同，用编程来实现理论应用——自创中国风的曲子，提升了自己的创新能力和自主学习能力。

成果15　数学与音乐的再探之乐器的制造

周子瀚

🔍 问题背景

阅读学习了音乐调式和数学的关系，以及使用古筝弹奏圆周率 π，我就想还能从什么角度来探究音乐和数学的关系呢？

❓ 提出问题

经过思考，我想知道在制造乐器的过程是否会用到数学呢？那我先制造一个乐器试试。

⏰ 分析问题

我第一时间想到用吸管制成的可吹的乐器，而当我将一些诸如此类有很多吹管的乐器放在一起对比时，发现每个吹管的长度递减的数据不同，所以我就想自制一个乐器，看看这个吹管类乐器每个吹管的长度数据差的规律到底是怎样的。吸管乐器就是最好的选择，于是我就开始制作。

📋 建立模型

我找来了纸箱子、吸管、线、橡皮泥等。准备好材料后，我还需要知道吹管的长度数据。

我通过测量整理出了这个乐器各吹管的长度与分别能够吹出的音，见表15-1。

表 15-1

音	Do	Re	Mi	Fa	Sol	La	Si
长度（cm）	9.5	8.5	7.7	6.9	6.2	5.5	4.9

各吹管递减的长度见表15-2。

表 15-2

音	Do	Re	Mi	Fa	Sol	La	Si
递减的长度（cm）	/	1	0.8	0.8	0.7	0.7	0.6

看到表中短吹管到长吹管递增的长度的增加趋势后，我发现各吹管的长度增加的幅度也是越来越大的。我又在想：如果我把此类管型乐器的长度分别按比例缩小到弦类乐器上，是不是就可以得到一把能够成功弹出准确音调的弦类乐器呢？

模型求解

为了验证我的这个想法，我就将各音所对应管的长度都减到原来的 $\frac{1}{4}$，因为弦类乐器的弦只有一根，所以就只能将格子的距离缩短。随后，我便制作了一个模型，但随即麻烦又接踵而至：我该如何把琴弦固定在模型上呢？经过思考之后我想到了3D打印笔！有了它，我就可以很好地解决这个问题了。于是我便利用3D打印技术将琴弦固定在了模型琴身上，并上网搜索画格分音的比例，发现画格的长度大约为整根琴弦的中间部分，且占比大约为40%，于是我便在琴上按照比例画上线，最终得到结论：比例在琴上也能适用。所以，由此得到结论，这个比例在管类乐器所用的管一样粗的情况下适用，在弦类乐器的弹法为一节一节按着弹的最简单弹法中适用。

图15-1所示为我自制的弦类乐器模型。图15-2所示为我自制的管类乐器模型。

图 15-1   图 15-2

虽说实验看起来算得上成功了，但是弹奏后，我发现了弦类乐器的问题：虽然可以听出音来，但音与音之间的差别却不明显，那如何让这弦类乐器音与音之间的差别变得大一些呢？

于是我便开始查找原来模型的问题。肯定不是弦的粗细问题，因为我的弦类乐器装了两根弦，而且粗细不一样，但是两根弦所弹出的音都不清楚。在排除弦的粗细问题之后，我便开始着手排查其他的问题，这一查，也让我找到了一些问题。

（1）固定弦的材料为塑料泡沫，是3D打印笔中的材料（即塑料）加热后又重新冷却后所形成的，塑料虽然有一定的固定能力，但一旦乐器开始弹奏时，弦就不再固定了。所以固定弦的材料是个问题。

（2）当我将制作的乐器和弟弟的乐器进行对比之后发现：虽然我的乐器在中间开了个口，但是最下面一层也一并打开了，所以并不能做到像弟弟的乐器那样放大声音，起到加强音色的作用。而弟弟的乐器上，下面像"肚子一样"的部分全部都是中空的。之后我便上网查了一下，发现这个"大肚子"的学名叫作"共鸣箱"，其共鸣箱中间的那个孔叫"凿孔"，其作用也确实是放大声音、加强音色的。

（3）虽说共鸣箱的制作是体现音差别的其中一个原因，但共鸣箱的大小也是其中的一个问题，且共鸣箱的大小与乐器的长度是成正比的，所以想要增大共鸣箱，也就需要将乐器整体增大。

在找到这些问题之后，我便开始思考如何改进。首先，我将不再使用3D打印笔固定琴弦的方法，而是使用更加坚固的铁质材料来固定；然后，也要增大纸板的面积，以扩大共鸣箱的内部空间，并且在制作时将共鸣箱做成中空的。这样应该就能解决我第一个弦类乐器模型的问题了。

带着这些想法，我便开始着手制作了，制作出的模型弹奏的音色也有了显著的改进，可以明显地听出音与音的区别，也进一步证明了我这组数据的可行性。图15-3所示是我改进后的模型。

经过认真分析，虽然问题查找出来了，但每次算出来还要扩倍和按比例缩小，很麻烦。再分析数据：所有的数据所递减的差，大的比小的，比值大约是1.2。我又有了一个疑惑：为什么会这样呢？

而且，我这个缩小或扩倍是基于我的第一组数据的，而第一组数据是管类乐器模型的。管类乐器和弦类乐器的数据能不能进行类比，这个问题我也没有进行探究，所以这个结果是不准确的。我又考虑到了原先数据是否精确的问题，因为上一次测量的数据只保留了小数点后的一位，并不是非常准确，并且扩倍的误差也会导致音高的差别越来越大，而做出的实物音不准就是对这些数据最好的质疑。

带着这些想法，我便开始着手制作第二个弦类乐器模型。图15-4所示是我改进后的模型。

图 15-3   图 15-4

第二个模型制作完成后，如何测量出较为正确的数据呢？于是我对图15-4中模型进行了测量，根据以前的经验，这一次我提高了测量的精度，更加细致地将这组数据记录了下来，见表15-3。

表 15-3

音	Do	Re	Mi	Fa	Sol	La	Si
长度（cm）	2.121	2.003	1.891	1.785	1.681	1.586	1.501

模型结论

再次得到数据后，我将各个数据之间的比值算了出来，这使我得到了一个数据结论：每一组相邻的数据算出的比值都大约是1.059，而并非我之前测量第一个模型所得的1.2，所以，我前面的质疑是正确的。这也让我纠正了之前的观点，得出：有时管类乐器和弦类乐器是不能进行类比的。

接着，我认真查阅有关资料发现：这个比值大约是1.05946，即$\sqrt[12]{2}$的近似值。这个比值是我国明朝朱载堉第一个计算出来的，也就是大名鼎鼎的"十二平均律"。这同时证明了我的扩倍、缩小计算过程是有很大误差的。以前人们尝试了很多修正音阶的方法，如纯律和中庸律。较好的修正方法是中庸律，它就是让五度变得平均，把其中的不和谐分摊掉。例如将五度相生律的生成系数——$\frac{3}{2}$这个和谐的简单分数，换成$\sqrt[4]{5}$，值大约是1.4953，就这样促进了和声乐理的发展。直至万历十二年（1584年），朱载堉用算盘精确计算出了$\sqrt[12]{2}$的25位小数值，推出了全新的"十二平均律"。其中的推算过程体现出了中国人更加精湛出众的算数功力：既然五度相生律让人们养成了将二倍的频率分成十二份的习惯，那么在最理想的条件下，就应该将这十二份构成等比数列，这个比值显然是$\sqrt[12]{2}$，一个无理数，本来就不能用简单的整数表示。$\sqrt[12]{2}$虽然是个无理数，但它们的两两比值却非常接近五度相生律的简单整数比，让人难以察觉，同时排除了五度相生律的瑕疵。"十二平均律"经意大利传教士利玛窦介绍给法国著名的数学家、音乐理论家梅森，并由后者写进《宇宙和谐》一书中，给欧洲音乐带来了至关重要的启发；德国作曲家巴赫依此创作了精湛的赋格与卡农，将巴洛克音乐推上了空前的高峰，再后来有了更高音准的钢琴，欧洲的音乐才渐渐有了今天的模样。

模型收获

通过此次探究，不仅锻炼了我的动手能力，还让我发现了数学和音乐有这么大的关系。通过制作,我对于"十二平均律"的了解也更加深刻,并且也证实了这个比值的可行性,只是管类乐器和弦类乐器的数据有时是不能够进行转换的。这次实验的经历也让我知道了做实验不能一蹴而就,要脚踏实地地进行精确的计算与测量。另外经常质疑自己以前提出的观点,也许就会有不同的收获!

教师点评

　　自找材料制作乐器,这是一个废物再利用的环保设计。子瀚同学不仅锻炼了自己的动手能力,还通过比例关系将数学和音乐联系起来,同时通过对实验数据进行加减乘除的分析,发现了在除法时存在着某种不变的规律——比例,即乐器制作中的规律,也就是"十二平均律"。同时通过三次实验,进行误差分析和改进实物模型。最后不仅制作出了自己相对满意的乐器,还学到了乐器制作背后的数学原理,这是一次非常好的跨学科实践活动。

成果 16　　比萨定价合理吗

裴 仰

问题背景

　　最近我家附近新开了一家FUDI仓储会员店,在逛会员店时我发现了一家比萨店,售卖12寸和16寸两种规格的比萨。我很喜欢吃比萨,但是不知道比萨是怎么定价的,买哪种比萨更划算,于是我在回家的路上思考了起来。

提出问题

　　比萨是如何定价的?其背后有着怎样的数学原理?

分析问题

以香肠比萨为例，12寸香肠比萨的价格是38元，16寸香肠比萨的价格是56元。这样的定价背后有着怎样的数学模型呢？

首先，假设价格与尺寸成正比。$\frac{38}{12} \times 16 \approx 50.7$（元），但这与实际的价格56元差距较大，因此假设不成立。

而后，通过查阅资料我了解到，12寸和16寸是指比萨的直径，于是，我假设比萨价格与比萨面积成正比例关系。经计算，16寸比萨和12寸比萨面积之比为$\frac{8^2\pi}{6^2\pi} = \frac{16}{9}$。我们再来验算两者价格是否符合面积之比，若以12寸比萨为基准，16寸比萨的面积是它的$\frac{16}{9}$，那么16寸比萨的价格应该是$38 \times \frac{16}{9} \approx 67.6$（元），与实际的56元相差依然很多，此假设也不成立。

上述两种假设都不成立，到底比萨的价格是如何设定的呢？

建立模型

我又从其他外卖平台查看了另外两家店铺中比萨的尺寸和定价，见表16-1，发现价格比都小于面积比，这确实引发了一个疑问，难道大家都要赔钱卖较大尺寸比萨吗？

表 16-1

尺寸（寸）	价格（元）		
	FUDI	棒约翰	达美乐
9	—	78	59
12	38	108	88
14	—	131	—
16	56	—	—

通过查阅资料，我了解到，商品的定价主要由可变成本和固定成本组成。可变成本为比萨的食材，比如面粉、香肠等，和比萨的面积成正比关系；而固定

成本则包括不能直接看到的房租成本、人力成本、运营成本等，这类成本不管是12寸比萨还是16寸比萨都是基本相同的，不随着比萨的面积变化而改变。12寸比萨和16寸比萨的价格差若主要由可变成本的变化引起，则12寸比萨的可变成本可计算为（56−38）÷（$\frac{16}{9}$−1）≈23（元），那么12寸比萨的固定成本约为38−23=15（元）。

接下来，我们用棒约翰三种尺寸比萨的价格来检验该模型是否合适。假设可变成本与比萨面积成正比，9寸和12寸比萨计算可变成本为（108−78）÷（$\frac{16}{9}$−1）≈38.57（元），固定成本约为78−38.57=39.43（元），那么14寸比萨的价格约为39.43+38.57×$\frac{14^2}{9^2}$=132.8（元），与实际的131元非常接近。

经过上述检验，我确定了"固定成本不变，可变成本与面积成正比"的模型作为商家制定价格的依据更贴切。同时商家付出劳动是要取得利润的，定价需要涵盖利润和成本才能维持商业的正常运行。资料表明，食品大多数都是按照固定"毛利定价法"来定价的。即

$$成本 ÷ （1−毛利率）=价格$$

$$毛利率=\frac{营业收入−营业成本}{营业收入} × 100\%$$

FUDI仓储会员店的广告中宣称自己的毛利率小于10%，12寸和16寸比萨售卖若要保持10%的利润，则其营业成本分别为38×（1−10%）=34.2（元），56×（1−10%）=50.4（元）。由于变化的价格主要由可变成本组成，则12寸的可变成本计算为（50.4−34.2）÷（$\frac{16}{9}$−1）≈21（元），那么12寸比萨的固定成本约为34.2−21=13.2（元）。通过上面的计算，所以哪怕是卖很小的比萨，只要商家付出了劳动，则至少要卖13.2元以上。因此，售价不能完全根据面积等比缩小。

如果FUDI仓储会员店生产其他尺寸的比萨，价格定在多少合适呢？假设比萨为d寸，单位面积比萨的可变成本为x元，固定成本为y元，标价为w元。

则 $\dfrac{\pi(\dfrac{12}{2})^2 x + y}{\pi(\dfrac{16}{2})^2 x + y} = \dfrac{38\times(1-10\%)}{56\times(1-10\%)}$

得 $y = \dfrac{208\pi x}{9}$

代入 $\dfrac{\pi(\dfrac{12}{2})^2 x + y}{\pi(\dfrac{d}{2})^2 x + y} = \dfrac{38\times(1-10\%)}{w\times(1-10\%)}$

得 $w = \dfrac{171}{1064}d^2 + \dfrac{1976}{133}$

模型求解

当我们了解比萨的直径后，便可估计出较为合适的定价。当比萨直径为14寸时，代入求值得$w\approx46$。

模型结论

比萨的定价主要由可变成本和固定成本组成，可变成本为比萨的食材，比如面粉、香肠等，这些成本和比萨的面积成正比例关系。而固定成本则是不能直接看到的房租成本、人力成本、运营成本等。我们可以通过商家提供的几种不同尺寸比萨的价格，建立一个模型，并计算其可变成本和固定成本，进而推算出其他尺寸比萨的合理价格。

模型收获

通过该探究，以比萨定价为例，我了解到了商品定价的规律。比萨定价并非我最初设想的那样，与比萨面积成正比，其背后有更复杂的模型，需要将可变成本和固定成本都考虑在内。在探究过程中，我搜集数据，进行比较分析；查阅了与定价相关的资料，获取相关知识，并体会到了遇到问题，想办法解决问题的成就感。

教师点评

本成果基于实际生活情境，探究了比萨定价背后的数学模型，阐述了定价的合理性及其原理。比萨的定价既包含可变成本，又包含固定成本，其中的可变成本与比萨的面积成正比。本成果有助于消费者了解不同商家的比萨的固定成本和可变成本，从而做出更合理的购买决策。此外，商家也可以利用本探究中的数学模型来计算同一产品线上不同大小的比萨的定价，为定价提供理论依据。

成果17 漂洗衣服中的数学问题

孟宇菲

问题背景

在漂洗衣服时，在水量固定的情况下，我们往往会选择将水分成多份进行多次漂洗，而不是漂洗一次，这背后有科学依据吗？

提出问题

该如何安排漂洗，使得用同样多的水漂洗的衣服更干净，即污物残留较少。

分析问题

观察洗衣过程，我需要考虑漂洗次数、清水量、洗衣液残留量、洗衣液的溶解效率、衣服拧干后的含水量、水的温度、洗衣服的方式等因素。筛选上述影响因素的主要因素，并对一些数据做出假设。

模型假设

（1）假设这次漂洗衣服的总水量为10kg。

（2）假定衣服在第一次漂洗前有一定含水量，此含水量与之后每次漂洗衣服后的含水量相同。假设每次漂洗后衣服的含水量剩余1kg。

（3）漂洗次数为变量N。

（4）假设洗衣液均匀分布在衣服上，且忽略水温、水质、污物溶于水的能力不同等因素的影响。

建立模型

漂洗衣物相当于衣服上的污物被稀释，漂洗后剩余的含污物是漂洗前含污物的$\dfrac{1}{1+漂洗水量}$，利用该模型进行分类讨论并求解。

（1）当$N=1$时，直接把衣服放到全部（10kg）水中，只进行一次漂洗，剩余的含污物是原来的：

$$\frac{1}{(1+10)}=\frac{1}{11}$$

（2）当$N=2$时，从以下几种情况进行分析。

①如果先用5kg水漂洗，再用5kg水漂洗，剩余的含污物是原来的：

$$1 \div (1+5) \div (1+5)=\frac{1}{36}$$

②如果先用4kg水漂洗，剩余的含污物是原来的：

$$1 \div (1+4)=\frac{1}{5}$$

再用6kg水漂洗，剩余的含污物是原来的：

$$\frac{1}{5} \div (1+6)=\frac{1}{35}$$

③当10kg的水按整数分配时，有这样几种情况，见表17-1。

表　17-1

两次水量分配	1：9	2：8	3：7	4：6	5：5
剩余的含污物与原来的比值	$\frac{1}{20}$	$\frac{1}{27}$	$\frac{1}{32}$	$\frac{1}{35}$	$\frac{1}{36}$

根据表17-1得出，两次漂洗明显比一次漂洗污物剩余量小。而两次漂洗时，均分水量漂洗衣服后，残留的含污物量最低。且两次漂洗的水量越接近均分比例，漂洗得越干净，而两次水量差距越大，污物残留量越高。

（3）那么在漂洗水量均分的情况下，如果$N=3$，$N=4$，$N=5$……是否能洗得更干净呢？见表17-2。

表　17-2

漂洗次数	$N=1$	$N=2$	$N=3$	$N=4$	$N=5$
剩余的含污物与原来的比值	$\frac{1}{11}$	$\frac{1}{36}$	$\frac{27}{2197}$	$\frac{16}{2401}$	$\frac{1}{243}$

通过建模，我们得出衣物干净程度与漂洗次数以及用水方案之间的关系。漂洗次数越多，且将总的水量尽量均分，漂洗后的污物剩余量越少，不过随着漂洗次数的增加，含污物变化幅度逐渐减小，变干净也就越不明显了。这一结论可以通过实际操作检验得到。

在日常实际洗衣服时，我们还要注意节水，关注用水量，每次漂洗要将所洗衣服完全浸湿。无限制的多次漂洗完全没有必要；同时我们还要考虑衣服漂洗时的磨损、电费的消耗、洗衣机的损耗，以及大量的人工时间等因素，所以综合以上因素，我们可以得出一个较为合理的漂洗次数，如图17-1所示。

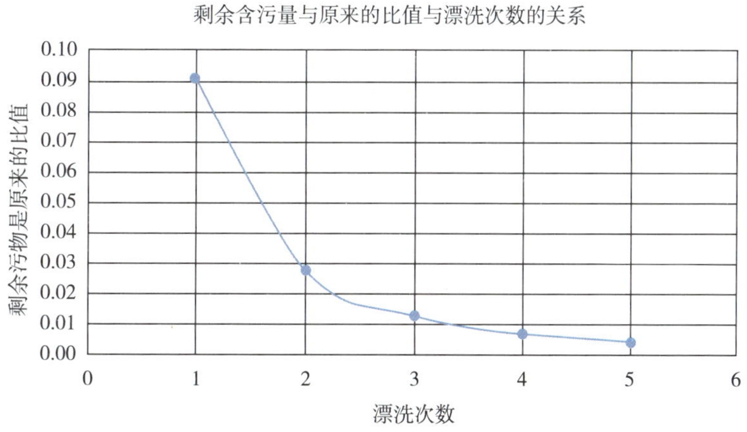

剩余含污量与原来的比值与漂洗次数的关系

图　17-1

模型结论

　　漂洗衣服时，在漂洗水量确定的情况下，建议将水量均分进行分次漂洗。通常情况下，漂洗的次数越多，衣物上残留的污物就越少。但是，出于对便利性、效率性和经济性等因素的考虑，我认为分2次或3次漂洗较为合适，这样既能保证污物减少高，又避免了过多的漂洗次数，性价比不高。

模型收获

　　通过该探究及与老师的交流，我明确了模型假设的重要意义，并学会了如何将实际问题转化为数学问题。我通过设定漂洗次数从1,2,3,…依次展开探究，并控制其他变量，探究不同分配比例的漂洗效果，从而学会了有序地探究问题。

教师点评

　　本成果中，宇菲同学通过假设一些特殊的量，进行计算并比较，得出了结论：漂洗衣服2~3次且采用等量分配水的方案漂洗衣服更干净。为了使模型更加严谨，我们还需要将假设的参数一般化，例如，漂洗次数可以用N来表示，每次漂洗的水量也用代数式来表示。本成果对漂洗衣服时水量的分配有一定的理论指导意义，更一般化的建模将有利于自动化洗衣机的优化设计，为生产提供指导。

成果18　声音与金属长度的关系探究

李　茉

问题背景

　　卡林巴琴又称拇指琴，是在一个木板上，固定一根根长短不一的弹性金属条，用手拨动金属条，就会发出优美的声音。我的卡林巴琴是21音的，也就是琴上有21根金属条，如图18-1所示。

❓ 提出问题

探究声音和金属条长度的关系。

⏰ 分析问题

为了让测量更准确，我先对卡林巴琴进行了调音。调音是需要借助一款App调音软件，利用一把小锤子，调整固定压杆下方金属条的长度。如果音偏高，就把金属条敲得长一点，如图18-2所示；如果音偏低，就反方向敲，把金属条敲得短一点，如图18-3所示。这个调音的过程，表明声音和金属条长度是有关联关系的。

图 18-1　　　　　图 18-2　　　　　图 18-3

📋 建立模型

1. 声音与长度初尝试

我用尺子，从固定压杆开始，测量每根金属条的长度，即音键长度，数据见表18-1。我的21音琴是从低八度的Fa到高两个八度的Mi。

表 18-1

音阶	F̣	G̣	Ạ	Ḅ	C̣	D	E
音键长度（cm）	7.7	7.3	6.9	6.5	6.3	6.2	5.9
长度差（cm）	/	−0.4	−0.4	−0.4	−0.2	−0.1	−0.3
音阶	F	G	A	B	C	D	E
音键长度（cm）	5.7	5.5	5.3	5.0	4.9	4.6	4.5
长度差（cm）	−0.2	−0.2	−0.2	−0.3	−0.1	−0.3	−0.1
音阶	Ḟ	Ġ	Ȧ	Ḃ	Ċ	Ḋ	Ė
音键长度（cm）	4.4	4.2	4.0	3.9	3.8	3.6	3.5
长度差（cm）	−0.1	−0.2	−0.2	−0.1	−0.1	−0.2	−0.1

通过观察测量数据，我发现：

①声音越高，音键越短；声音越低，音键越长。这让我想到，科学课上曾经做过钢尺振动实验，钢尺伸出桌面的长度越长，振动速度越慢，声音就越低；钢尺伸出桌面的长度越短，振动速度越快，声音就越高。卡林巴琴的音键很像实验中的钢尺。

②相邻两个音之间，音键的长度差在0.1~0.4cm。比较低的音，音键长度变化大；音高越高，音键长度变化越小。

但是，音键长度的变化为什么没有明显的规律呢？难道是因为测量有误差吗？

2. 振动频率与音键长度的关系

在老师的指导下，我知道了人耳对声音高低的感觉称为音调，音调主要与声波的频率有关，各音阶有固定的振动频率。振动频率是指在单位时间内振动周期的数量，它是描述振动快慢的参数，代表物体从一个极值到另一个极值所需的时间。通过查阅资料，我找到了琴上每个音阶的振动频率，数据来源于杂志《无线电》中的《标准音阶及常用乐器频率范围对照表》。通过测量，得到了各音阶对应的音键长度，见表18-2。

观察分析表18-2可知，音阶的振动频率越低，音键越长；音阶的振动频率越高，音键长度越短。音键的长度和振动频率可以拟合出一条光滑的曲线，如图18-4所示。因此推测：每个音阶的振动频率是固定的。如果找到相邻音阶振动频率之间的关系，那么相邻音阶对应的音键长度的关系也许就可以确定了。

表　18-2

音阶	$\dot{F}$	$\dot{G}$	$\dot{A}$	$\dot{B}$	C	D	E
音键长度（cm）	7.7	7.3	6.9	6.5	6.3	6.2	5.9
振动频率（Hz）	175	196	220	247	262	294	330
音阶	F	G	A	B	C	D	$\dot{E}$
音键长度（cm）	5.7	5.5	5.3	5.0	4.9	4.6	4.5
振动频率（Hz）	349	392	440	494	523	587	659
音阶	$\dot{F}$	$\dot{G}$	$\dot{A}$	$\dot{B}$	$\dot{C}$	$\dot{D}$	$\dot{E}$
音键长度（cm）	4.4	4.2	4.0	3.9	3.8	3.6	3.5
振动频率（Hz）	698	784	880	988	1047	1175	1319

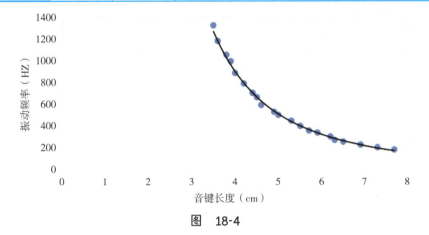

图　18-4

3.相邻音阶对应的振动频率之间的关系

首先，我计算了相邻音阶振动频率的差，见表18-3。

表　18-3

音阶	$\dot{F}$	$\dot{G}$	$\dot{A}$	$\dot{B}$	C	D	E
振动频率（Hz）	175	196	220	247	262	294	330
频率差（Hz）	/	21	24	27	15	32	36
音阶	F	G	A	B	C	D	E
振动频率（Hz）	349	392	440	494	523	587	659
频率差（Hz）	19	43	48	50	29	64	72
音阶	$\dot{F}$	$\dot{G}$	$\dot{A}$	$\dot{B}$	$\dot{C}$	$\dot{D}$	$\dot{E}$
振动频率（Hz）	698	784	880	988	1047	1175	1319
频率差（Hz）	39	86	96	108	59	128	144

观察分析表18-3中的数据，发现大部分相邻音阶的振动频率差越来越大，但是有两个音比较特殊，分别是C（Do）和F（Fa）。每到这两个音的时候，差会变小，把数据整理成柱状图更明显，如图18-5所示。

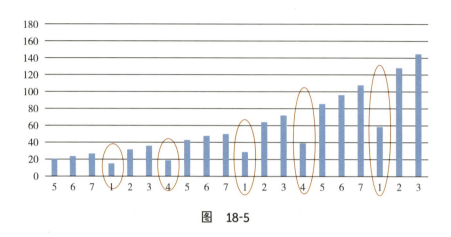

图　18-5

上述计算的差值没有明显的规律。于是，我又计算了相邻音阶振动频率的比，见表18-4。

表　18-4

音阶	F̣	G̣	Ạ	Ḅ	C	D	E
振动频率（Hz）	175	196	220	247	262	294	330
频率比（Hz）	/	1.12	1.12	1.12	1.06	1.12	1.12
音阶	F	G	A	B	C	D	E
振动频率（Hz）	349	392	440	494	523	587	659
频率比（Hz）	1.06	1.12	1.12	1.12	1.06	1.12	1.12
音阶	Ḟ	Ġ	Ȧ	Ḃ	Ċ	Ḋ	Ė
振动频率（Hz）	698	784	880	988	1047	1175	1319
频率比（Hz）	1.06	1.12	1.12	1.12	1.06	1.12	1.12

观察分析表18-4中的数据，我似乎找到了相邻音阶之间的振动频率的规律：相邻两个音阶的振动频率比为值1.12或1.06，比值为1.06的情况只出现在两个音的位置——C（Do）和F（Fa）。

4. 相邻音阶对应的音键长度之间的关系

受到音阶频率比值固定的启发，我试着用除法重新观察一下卡林巴琴音键长度的规律，见表18-5。

表　18-5

音阶	Ḟ	Ġ	Ȧ	Ḃ	C	D	E
音键长度（cm）	7.7	7.3	6.9	6.5	6.3	6.2	5.9
长度比（cm）	/	0.95	0.95	0.94	0.97	0.98	0.95
音阶	F	G	A	B	Ċ	D	E
音键长度（cm）	5.7	5.5	5.3	5.0	4.9	4.6	4.5
长度比（cm）	0.97	0.97	0.96	0.94	0.98	0.94	0.98
音阶	Ḟ	Ġ	Ȧ	Ḃ	Ċ	Ḋ	Ė
音键长度（cm）	4.4	4.2	4.0	3.9	3.8	3.6	3.5
长度比（cm）	0.98	0.95	0.95	0.98	0.97	0.95	0.97

观察表18-5中的数据可以看出，画框处显示的比值为0.97或0.98，其余比值在0.94~0.98，平均值为0.96。因为测量存在误差，因此计算的比值也有偏差。

根据上述结论，可以假设：如果找到一个基准音，然后利用音键长度的比例关系，可以直接计算出其他音阶的长度。

首先我利用一条弹性绳进行实践，测出标准音C的音键长为28.3cm，利用上述音键长度之间的比例关系，取上述平均数0.96，通过计算得到各音阶的位置，见表18-6。

表　18-6

音阶	C	D	E	F	G	A	B
音键长度（cm）	28.3	27.2	26.1	25.0	24.0	23.1	22.2

我把以上的长度记在弹性绳上，进行弹拨，但是好像音并不准。

然后，我尝试通过测量C和D两个音的音键长度确定比例。我用D的音键长度24.9cm除以C的音键长度28.3cm，得到0.88。如果退一步假设：相邻音阶之间音键长度的比例是固定的。然后用这个比例计算出了其他音阶对应的长度，见

表18-7。（说明：计算F的音键长度用的是$\sqrt[2]{0.88}$值0.94。）

表 18-7

音阶	C	D	E	F	G	A	B
音键长度（cm）	28.3	24.9	21.9	20.6	18.1	15.9	14.0

把这些距离标在弹性绳上。我试着弹奏了一首《小星星》，效果还不错。这也验证了相邻音阶之间的比值是确定的，但这个比值不是固定的。通过查阅资料，了解到弦长和频率的关系不是一个固定的关系，它还与弦的粗细、松紧、材质等有关系。卡林巴琴的琴键硬、密度大、宽度也大，和弹性绳的差别还是挺大的。

　　附

探究过后，我查阅了音乐的相关资料，了解到现代音乐的基础是"十二平均律"，也就是在一个八度的音程内，按波长比例平均分成十二等份，每个音的波长为前一个音的$\dfrac{1}{\sqrt[12]{2}}$，约为$\dfrac{1}{1.05946}$。在十二个等份中，每一等份为一个半音，两等份为一个全音。如果标准音的波长为λ，则"十二平均律"的12音阶的波长，见表18-8。

表 18-8

12音	1（标准音）	2	3	4	5	6
波长	λ /1.000	λ /1.059	λ /1.122	λ /1.189	λ /1.260	λ /1.335
12音	7	8	9	10	11	12
波长	λ /1.414	λ /1.498	λ /1.587	λ /1.682	λ /1.782	λ /1.888

通过观察钢琴琴键，就能比较清楚地看出来：在钢琴中的一个八度内，白键加上黑键，正好是12个音，也就是相邻的两个音之间就是一个半音。大部分白键之间都夹着一个黑键，所以它们与前一个音阶（白键）的频率比值，其实是一个全音（包含两个半音），也就是1.12；而C（Do）和F（Fa）前面没有黑键，所以C（Do）和F（Fa）与前面音阶（白键）的频率比值正好是一个半音，也就是1.06，如图18-6所示。

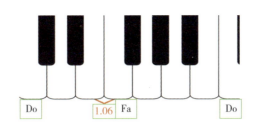

图　18-6

模型结论

相邻两个音阶的振动频率比值为1.12或1.06，比值为1.06的情况只出现在两个音的位置——C（Do）和F（Fa）。相邻音阶之间音键长度的比例是固定的。

模型收获

通过该探究，我更确信音乐中有着很多的数学逻辑，也了解了乐器的制作原理。通过对卡林巴琴音键长度的初步探究，我联想到了物理课中钢尺振动实验，以此展开寻找音键长度与振动频率之间的关系。另外，在遇到问题时，要回顾学过的知识，找寻事物间的联系。

教师点评

本成果从差和比的角度尝试探究声音和金属条长度的关系，并查阅资料检验了探究结果的正确性，应用探究结果制作了简易的乐器。本成果的探究过程中，李某同学经历了不断尝试、查阅资料及再调整探究方案的过程，这种探究的品质值得学习。此外，本成果可以作为制作简易乐器的理论指导，对调音也有一定的帮助。英国数学家泰勒导出了弦振动的固有频率公式，通过公式可知弦的长度与频率成反比，但本成果中卡林巴琴的音键长度与频率关系图不呈反比关系，为什么呢？从卡林巴琴的结构入手，可尝试构建卡林巴琴振动频率与音键长度关系的数学模型。

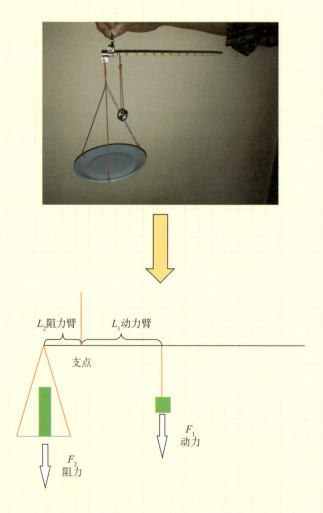

类型三

方程模型

L₂阻力臂 L₁动力臂

支点

F_2 阻力

F_1 动力

成果 19　为什么车的轮子是圆形的

郭飘杨

 **问题背景**

马路上有各种各样的车辆，如自行车、三轮车、汽车……如果仔细观察，就会发现这些车的轮子无一例外都是圆形的。

 **提出问题**

为什么所有车的轮子都设计成圆形呢？

分析问题

我找来了生活中最常见的圆形、三角形、方形的积木，并分别用它们搭建了三组轮子进行实验，如图19-1所示。

图　19-1

将三组车轮摆放在同一起点上轻推，结果发现我只要轻轻地推一下圆形的轮子，它就能滚动好远（约3.1m）。但是三角形和方形的轮子只能移动一点点(小于1cm)，这是什么原因呢？

于是，我仔细地观察了一下，发现它们的运动方式并不一样。圆形的轮子的运动方式是滚动的，而三角形和方形的轮子的运动方式是滑动的。

那么，为什么在施加相同的力时，滚动的物体运动的距离远，而滑动的物体运动的距离近呢？

为了探究这个问题，我提出这样的假设：在同一地面进行实验，三组轮子的接触面相同；三组轮子的质量相等；施加的推力也相同。

建立模型

我们知道，力是改变物体运动状态的原因。所以我对物体进行了受力分析，如图19-2所示。

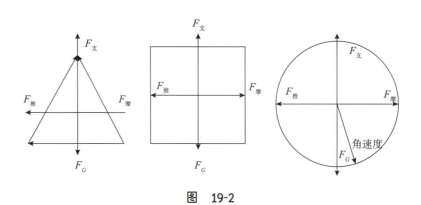

图 19-2

当三组轮子都平放在地面上静止不动时，它们都受到一组相互平衡的力的作用：向下的重力F_G和向上的支持力$F_支$。当我们给轮子施加一个足够大的推力$F_推$时，轮子开始相对于地面运动，此时轮子和地面间产生了阻碍轮子运动的摩擦力，它和推力方向相反，称之为动摩擦力$F_摩$，$F_摩 = \mu F_压 = \mu (G - F_支)$，所以当接触面相同，且三组轮子质量相等时，摩擦系数μ和垂直支持力（$G - F_支$）相同，因此受到的摩擦力$F_摩$也相同。当推力也相同时，理论上它们滑行的距离应该是相同的，因为摩擦力（$F_摩$）与接触面积无关。

 **模型求解**

滚动和滑动运动方式的原理是什么，有什么区别呢？

原来，滚动是一种物理现象，指的是物体在表面上滚动的运动方式。滚动的原理是由于物体与运动表面之间的摩擦力和物体自身的转动力矩相互作用，使得物体在运动表面上滚动。滚动的运动方式相比于滑动和静止，具有更小的摩擦力和更稳定的运动状态，因此在很多领域都有广泛的应用。基于滚动的原理，通过减小摩擦力和提高运动效率来实现机械设备的高效运转。

至此，我们可知圆形轮子的滚动方式产生的摩擦力更小。

滚动时其摩擦力究竟是怎样的呢？

由于轮子在滚动时的受力方向跟摩擦力方向并不一致，于是产生了角速度，而角速度的大小决定了加速度的大小。根据牛顿第二定律，力的方向与加速度的方向相同、大小成正比，因此产生了向心力。这意味着圆形轮子获得的力远远大于三角形、方形的轮子获得的力，这就是圆形轮子移动得远的原因。

下面我做一个实验来验证向心力。把一个积木固定在椅子上，并在积木上用绳子系上一个小球，如图19-3所示。如果我们给小球一个力，这个球会以绳长为半径，围绕着积木做圆周运动。同样地，我们的轮子也是圆形的，因此在转弯运动的时候，也会产生向心力维持其运动。

图　19-3

这说明圆的形状特性使得圆更适合做轮子。

那么圆还有什么特性让它适合做轮子呢？我们知道，每个圆都有圆心，且从圆心到圆上任意一点的距离都是相等的，这意味着圆的中心点在一个平坦的路面上移动时是一条直线。而其他形状的轮子（图19-4），其中心到边上各点的距离不相等，所以它们运动的时候中心点的高度会不断地变化，我们要用更多的力才能让它滚动。而且乘坐这种轮子的车辆会感到很颠簸。

此外，**圆在运动时的效率是最高的**。如图19-5所示，假设有一个半径为r的圆，它转一圈的路程为它的周长，即$2\pi r$（约6.28r）。如果以圆的直径2r为对角线做一个正方形（即圆的直径=正方形的对角线），则它转一圈所经过的路程为正方形的周长，即$4\sqrt{2}r$（约5.66r），所以它转一圈的路程要小于圆转一圈的路程；如果再以2r的长为对角线做一个六边形（即圆的直径=六边形的对角线），则它转一圈所经过的路程为六边形的周长，即6r，它转一圈的路程还是小于圆转一圈的路程。可见，以圆的直径为对角线在圆内做任意多边形，同样转一圈的路程都要小于圆转一圈的路程，所以圆还是最高效的图形。

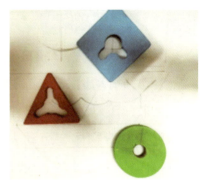

图 19-4

图 19-5

模型结论

通过上面的分析，我们可知圆形轮子跑得更快、更稳、更高效。

模型收获

通过这个探究，我学习到了很多知识，找到了学习的方向和前进的动力。

教师点评

本成果的作者飘杨同学善于观察生活中的问题，通过积木来进行模拟实验，观察分析原因。进而，他通过查阅网络和书籍等资料，从多学科角度进行分析，如从物理的滚动摩擦和滑动摩擦入手分析了当受相同推力时圆形轮子滚动更远，又用数学周长的知识来比较圆形、方形和六边形的轮子速度快慢，综合分析很好。另外，将物体看作质点，所以我们可以通过分析质点的运动轨迹来分析圆形轮子和其他图形轮子运动时的稳定性。

成果 20　旋转的陀螺

郭飘杨

问题背景

2022年北京冬奥会让人期待的，除谷爱凌外，就是日本花样滑冰选手羽生结弦的4A跳，4A跳的全称为阿克塞尔四周跳，要求滑冰者在空中完成1620°的旋转，这时人简直就是人间陀螺。我没有滑过冰，也不能体会4A旋转动作的难度，但我关注的是滑冰者在冰场上画出的每一条线。我在想，花滑运动员在旋转时如同一个陀螺，他们以自己的身体为定轴做旋转，这是不是和我们平时玩的陀螺一样？

提出问题

旋转的陀螺蕴含着什么秘密呢？

分析问题

大家玩陀螺时，如果注意观察，会发现陀螺是以它的中心圆杆为转轴，高速旋转的。其实不只是陀螺，杯盖、鸡蛋，甚至我们的地球，都是一个绕定轴旋转的物体。古希腊数学家毕达哥拉斯说万物皆数，我想，只要能找到一个定轴，万物皆陀螺。

建立模型

　　为什么陀螺可以旋转不倒呢？那我们首先要知道5个概念，分别是支点、动力、阻力、动力臂、阻力臂。陀螺在高速旋转时会以支点为圆心做自转。向左旋转的陀螺，向左点头；向右旋转的陀螺，向右点头。在点头的过程中，重心在变。这是因为陀螺在旋转时，也给自身施加了一个力，支点向外就形成一个力臂，这个力臂是有方向的，力也是有方向的。力和力臂形成的力矩也是有方向的，力矩是力和力臂的矢量相乘，即$\vec{M}=\vec{r}\times\vec{F}$，可以用右手定则确定方向。因此，陀螺向右旋转的时候，它的力矩也是顺时针向右的。力是一个矢量，方向和角度在不断变化。在旋转的过程中，力臂和力矩也在不断变化方向，形成角动量。因为角动量的位置和力矩的位置一致，所以顺时针旋转的陀螺根据右手法则，它的角速度方向应该是斜向右上的。按照这个道理的话，陀螺会像羽生结弦一样飞到空中来个4A跳。但实际上为什么没有呢？因为它还要受到来自地球的重力作用，重力是垂直于地球向下的。由于这两个力的共同作用，陀螺旋转时不是平稳的，而是左右摇晃的。如果想像羽生结弦一样在空中旋转，就必须在旋转之初获得足够大的加速度，在旋转过程中控制好方向获得足够大的角速度。这真不容易啊。

　　那它高速旋转时的方向呢？如图20-1所示，图中的发散的线条，就是陀螺旋转时外接圆的切线，也就是力的方向。

　　可能会有人提出疑问：我的陀螺不是圆的，是别的形状的，同样会是圆的切线吗？我本来想用刘徽的割圆法解释这个问题，但我觉得似乎用实验解释它更加有趣。

图　20-1

　　我找来一张正方形的纸，顺着它的对角线、中线折了4次，在纸上形成了8个三角形，再用圆规，以交点为中心画了一个小圆，连接圆和对角线以及中线交点，形成了一个八边形。用红色延长它的边，得到了8条射线。这8条射线就是八边形内切圆的切线。用红色分别做8条切线的角平分线，再将角平分线分成三份，分别做切线的平分线，按照所画线段，向内折叠，按照线条的走向，你就可以折出一个立体的八边形，如图20-2所示。轻轻一拉两角，这个纸陀螺就转起来了，如图20-3所示。显而易见，它的力来源于弹力。这个力是陀螺形变产生的力，它的方向和内接圆的切线方向一致。

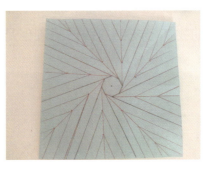

图　20-2　　　　　　　　　　　　　图　20-3

　　如果通过Python作图，同样也可以证明多边形在旋转时会形成圆形的外接曲线，如图20-4所示。

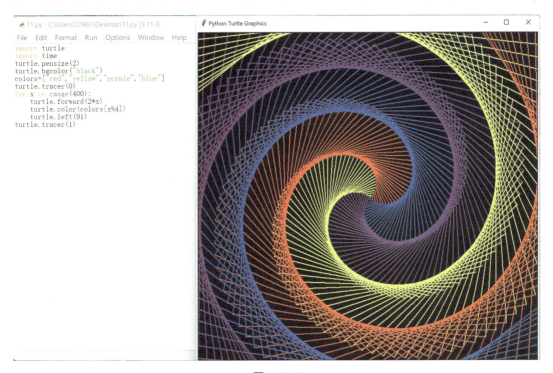

图　20-4

陀螺似乎不是固定在一个点上自转的，而是有一个运动轨迹。它的轨迹是什么样的？

模型求解

为了解释这个问题，我又找来了一个塑料板，在塑料板上涂上了防晒霜，然后把它刮平，让陀螺在上面旋转。我发现陀螺旋转时形成的轨迹是螺线，如图20-5所示。难道其他旋转的物体形成的曲线的轨迹也是这样的吗？

图　20-5

为了让实验结果更加准确，我又找来了美妆蛋的外壳和杯盖，在桌面挤上防晒霜继续实验。虽然它们轨迹形成的形状并不相同，但都是由螺线组成的。螺线开始时的曲率较小，到后面曲率越来越大，最后基本上是围绕着一个定点做圆周运动。为什么会这样呢？

曲率和什么相关？曲率就是曲线的弯曲程度。曲线弯曲度越大，曲率越大；曲线弯曲度越小，曲率越小。换而言之，在曲线上画圆，曲线弯曲程度不同，画出的圆大小也不同，圆弧越大曲线越平稳，圆弧越小曲线越陡，如图20-6所示，即圆的大小又取决于曲率圆半径长度。曲率越大，曲率圆半径越小；曲率越小，曲率圆半径

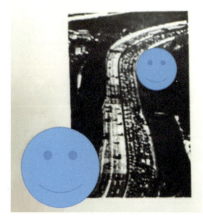

图　20-6

越大。计算曲率k有2个公式：

$$k=\frac{1}{r}$$

$$k=\frac{\theta}{s}$$

曲率既然可以计算，直线有没有曲率呢？根据第二个公式，可得$k_直=\frac{0}{s}=0$。

为什么定轴转动的物体曲率会越变越大呢？ 随着陀螺转动，角动量也在不断地变化，影响角动量的力和力臂也在变化。同时，它还要克服地面的摩擦力和地心引力，从而使陀螺单位角度旋转的距离越来越小，这样就形成了一个反向旋转的螺线。那如何证明单位角度的距离在逐渐缩小呢？

我们这时会用到极坐标这个有用的工具。极坐标是以距原点（极点）的距离和相应的方位角来表示平面上的点的位置。如果用Python作图就可以明显地看出这一点，可以得到螺线的长度，也可以直观地发现越靠近外围，曲率越小，如图20-4所示。

模型结论

陀螺旋转，从受力分析来看，主要受初始外力、地面摩擦力和重力形成的向心力影响。要使陀螺旋转得快，就需要在旋转开始时获得尽可能大的加速度。

通过实验和Python画图可知陀螺运动的轨迹是螺线，螺线方程尚不会求，只是可以从图形分析螺线不同部分的弯曲程度，即曲率。

模型收获

数学是工具，物理很有趣，实验模拟更能帮助理解知识。

教师点评

本成果对初中生而言是有很大难度的，因为涉及了高中和大学阶段的物理角动量模型和数学曲率模型，但作为初中生的飘杨同学从物理角度分析后得到影响陀螺旋转的主要因素是角动量，进而分析出影响旋转的是角速度。其中可贵的是用家里现有的物品来模拟陀螺旋转，很有创意，并从编程和实验两个角度来分析陀螺旋转的轨迹，最后从数学曲率对轨迹做出了解释。这个成果涉及的内容几乎都是大学知识，所以从理论上理解比较困难，但飘杨同学使用了实验辅助，让人能看得明白。如果想理论上更清楚明白，就需要对角动量再做详细分析，对运动轨迹也要建立方程求解，才能得到更详细的分析。

成果 21　滑雪时雪道坡度对速度的影响

张宸玮

问题背景

2022年寒假，我的第一站是去滑雪场滑雪。到达目的地后，我看到了令人震撼的雪场，雪道又高又陡，时不时有"高手"从坡上高速滑下，并在跳台一跃而起，在空中旋转几周后，落到地面继续滑。但当我开始滑雪时，却发现雪板不受控制，一不小心就会滑倒，好不容易滑了下来却发现速度越来越快，没有办法控制。作为滑雪新手的我知道自己还不能够做出大的动作，只能跌跌撞撞、连滚带爬地好不容易地到了山下。

提出问题

望着高高的雪山，我突然想要知道滑雪速度和什么有关？回到家后，通过查阅资料我发现，滑雪速度会受到多个因素的影响，如滑雪者的体重、滑雪板的长度、空气阻力、滑雪道的类型（软雪道或硬雪道）和坡度等。结合在雪场上观察到的初级道、中级道和高级道，如图21-1所示，我想探究其中坡度是如何影响滑雪速度的。

图　21-1

⏰ 分析问题

　　要想探究坡度是如何影响滑雪速度的，就要采取控制变量法——假设其他影响滑雪速度的因素都保持不变，即我们类比伽利略斜塔实验和摩擦力实验，在室内无风，或相同户外环境下，用相同质量的物体从不同坡度的坡面同时滑下（用滑梯或乐高小车模拟），来试验下滑速度受坡度的影响情况。经过思考，我发现滑滑梯这个活动和滑雪类似，虽然滑滑梯时是坐着向下，但二者都是不需要人发力就能从顶端开始下滑。然而，由于滑梯实验需要在室外进行，可能会因为风的变化而受到不同方向的空气阻力影响，同时也难以精确调整不同的坡度。因此，我最终选择用乐高小车在坡度可调的斜面上下滑来模拟人在雪道上的下滑过程。

✅ 模拟实验

1. 实验材料

　　白板：模拟雪道，实验中使用同一块白板，确保模拟滑雪道类型是一样的。

　　实验车：模拟滑雪者。实验中使用同一辆乐高小车，确保模拟滑雪者体重是一样的。

课外书：对齐摆放在白板两侧，中间留出空隙，使乐高小车不偏离方向而直线下滑，如图21-2所示。

2. 实验环境

在无风的室内进行，保证乐高小车在多次实验中所受的空气阻力相同。

3. 实验过程

首先，我将赛道抽象为直角三角形，如图21-3所示。

图　21-2

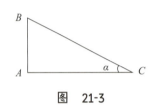

图　21-3

图21-3中△ABC的三条边BC、AC、AB分别表示雪道长度、地平线以及雪道垂直高度，并设BC和AC边形成的夹角为∠α，用∠α表示坡道的倾斜程度，即∠α越大，坡度越大。实验前，我先考虑极端情况：如果AB=0，即滑雪道垂直高度为0，则∠α为0°，就相当于雪道是平地，如果不用力或不被推动，滑雪者无法向前滑动，所以此时速度为0。如果∠α为90°，则雪道竖直向下，那么滑雪者几乎相当于自由落体运动，速度非常快，且不符合实际情况。当∠α在0°～90°时，∠α的角度越大，坡度也越大，速度也就会越快。

再用实验来模拟一般情况，即在白板长度、乐高小车质量保持不变的情况下，改变白板与地面的夹角，以此设置不同的坡度。实验中分别设置了20°、30°、40°、50°、60°和70°这六种不同的情况来观察坡度对乐高小车速度的影响。此处，速度为乐高小车在白板上滑行全程的平均速度。

该过程中，白板长度记为l，白板与地面的夹角记为α，平均速度记为v，乐高小车从白板顶端滑下所用的时间记为t。因为实验中白板长度l为0.65m保持不变，而$v=\dfrac{l}{t}$，因此，通过记录时间t，就可以计算出平均速度v。

由于在计时过程中会有误差，因此需在同一坡度下采取多次实验，最终取平均值，具体数据见表21-1（得数保留两位小数）。

表　21-1

	度数					
	20°	30°	40°	50°	60°	70°
第一次速度（m/s）	0.72	0.83	0.83	1.16	1.41	1.41
第二次速度（m/s）	0.80	0.72	0.86	1.14	1.44	1.63
第三次速度（m/s）	0.83	0.81	0.96	1.23	1.63	1.44
第四次速度（m/s）	0.81	0.88	1.02	1.63	1.63	1.86
第五次速度（m/s）	0.68	0.81	0.80	1.27	1.35	1.97
平均速度（m/s）	0.77	0.81	0.89	1.29	1.49	1.66
去除最大值和最小值后平均速度（m/s）	0.78	0.82	0.88	1.22	1.49	1.64

4. 实验结果

通过观察表21-1中去掉最大值和最小值后的平均值可以发现，当白板与地面的夹角变大时，乐高小车从白板顶端滑到底端的平均速度也会变大，也就是滑梯的坡度越陡，下滑速度就越快。依此类推，滑雪也是如此，雪道的坡度越陡，滑雪的速度就越快（在其他因素控制不变的情况下）。可以想象一种极端情况，当夹角达到90°时，就类似游乐场里跳楼机项目中的一段，下滑速度更快。

建立模型

那么为什么坡度越大，速度越快呢？我通过查阅相关文献得知，可以用能量守恒定律来解释：能量既不会凭空产生，也不会凭空消失，只能从一种形式转化为另一种形式，或是从一个物体转移到别的物体，在转化或转移的过程中，能量的总量保持不变。根据实验，在忽略其他因素的情况下，乐高小车从顶端下滑时只有势能，到底端时只有动能，根据能量守恒定律，就是势能转化为动能，公式 $mgh = \dfrac{1}{2}mv^2$，即 $gh = \dfrac{1}{2}v^2$，其中 m 是乐高小车质量，g 是重力加速度

（常数，约为9.8m/s），h是滑道垂直高度，v是乐高小车到达底端的瞬时速度。由此可以看出，v随着h变大而变大。而$h=l\sin\alpha$，所以$lg\sin\alpha=\dfrac{1}{2}v^2$，当雪道长度相同时，坡度越大，则速度越快。

模型求解

我们也可以算出当坡度为20°时，乐高小车到达底端的瞬时速度是2.09m/s，也就是7.52km/h。这是滑行过程中的最大瞬时速度，肯定要比平均速度大，我们算出的平均速度只有0.78m/s，不足2.09m/s的一半。当然，这和白板的摩擦力以及计时的误差也有关系。

对于滑雪而言，滑雪者从雪道顶端滑下时，只有势能，没有动能和热能。在滑雪者下滑过程中，势能转化为动能和热能（主要是滑雪板与雪面摩擦产生的）。而本次我们只考虑理想状态，忽略摩擦力，这样滑雪者滑到底端时，只有动能，没有势能。用公式表示就是：$mgh=\dfrac{1}{2}mv^2$，即$gh=\dfrac{1}{2}v^2$，其中m是滑雪者质量，g是重力加速度（常数，约为9.8m/s），h是雪道垂直高度，v是滑雪者速度。由此可以看出，v也随着h变大而变大。而$h=l\sin\alpha$，所以$lg\sin\alpha=\dfrac{1}{2}v^2$，当滑雪道长度相同时，坡度越大，速度越快。

在此结论基础上，我找到了北京怀北国际滑雪场的雪道数据，见表21-2。

表 21-2

类别	滑道长(m)	平均坡度（°）
初学者教学道	150	5
初级直道（二号滑雪道）	200	6
初级直道（三号滑雪道）	550	9
初级直道（四号滑雪道）	320	11
中级道（一号滑雪道）	270	15
中级道（五号滑雪道）	720	18
中高级道（七号滑雪道）	820	22
高级道（六号滑雪道）	850	26

根据上述内容，当北京怀北国际滑雪场初级直滑道（二号滑雪道）长200m，坡度为6°时，通过公式 $lg\sin\alpha = \frac{1}{2}v^2$ 可以计算出，滑雪者到达地面时的速度约为20.24m/s，这相当于汽车每小时行驶约73km；当初级直道（四号滑雪道）坡度为11°时，滑道长度为320m，通过公式 $lg\sin\alpha = \frac{1}{2}v^2$ 可以计算出，滑雪者到达地面时的速度约为34.59m/s，相当于汽车每小时行驶约125km。当高级道（六号滑雪道）坡度为26°时，滑道长度为850m，此时可计算出，滑雪者到达地面时的速度约为85.46m/s，相当于汽车每小时行驶约308km，几乎达到赛车的速度了。滑雪真的是速度与激情的碰撞！

通常，滑雪顶级难度赛道坡度不会超过40°，这大概是业余爱好者能够掌控的速度极限。而实际在国际一流的滑雪赛事中，顶级难度赛道也不会超过65°。在这样的坡度下，运动员所展现出的速度非常人能及。当然，在实际滑雪中，我们不可能不考虑摩擦力，否则滑雪者也停不下来，并且摩擦力的大小跟人的体重有关，体重越大，摩擦力也越大。若考虑了摩擦力之后，实际中的速度要比我们这里计算的速度要小一些。

根据以上计算，从初学者教学道到中级道最后到高级道，随着坡度的增加，滑道长度也越来越长，假设在其他因素不变的情况下，滑雪者的速度也会越来越快。为了安全起见，建议大家务必根据自己的滑雪技能和经验来选择合适的雪道，初学者应从坡度较小的初级道开始练习，等滑雪技能提升后再选择中级或高级道。要记住安全始终是第一位的！

模型结论

根据以上探究可以得出结论：假设在其他影响滑雪速度的因素保持不变的情况下，雪道的坡度越陡，滑雪者速度越快；雪道的坡度越缓，滑雪者速度越慢。同样，我们也可以采用控制变量的方法继续探究任何一个因素对滑雪速度的影响。比如，假设在其他影响因素保持不变时，体重大的滑雪者速度更快，长度长的滑雪板使滑雪者的速度更快，摩擦力越小的滑雪板使滑雪者的速度越快。

模型收获

这样的探究过程既有趣又使我学到了很多知识。

教师点评

本成果采用控制变量的方法探究滑雪坡度对速度的影响，宸玮同学通过在家里自制模拟实验、记录数据，去掉数据中的最大值和最小值来建立物理模型进行计算，将模拟结果与实际情况进行对比，分析本模型的误差所在。建模思路完整，分析方法可取。他自主学习高中的能量守恒知识来建模，实现了跨学科学习，提高了自主学习能力。不过本成果的误差也很大，这是因为没有进行量化分析。具体来说，白板的摩擦力和雪道的摩擦力不同，如果用玻璃板替代会不会更好，或者自制雪道，这里选用白板还忽略了摩擦力的影响，误差会很大。另外，由于模拟滑道较短，计时误差也会相应变大，因此可以进一步改进实验，实验结果会更精确。同时，可以再自主学习受力分析的相关知识，对滑雪进行受力分析，可进一步改进模型。

成果 22

杆秤的原理与应用

贾咏霖

 **问题背景**

杆秤是我国最古老，也是现今人们仍然在使用的称量工具，是我国独立发明的传统衡器。杆秤最主要的特点就在于携带方便，它主要由秤杆、秤砣、秤盘等部分组成。过去小生意人带上一个杆秤，待买卖来时随手一握秤杆，挂好秤砣，拴好秤盘，随时称量，之后生意也就做成了。

 **提出问题**

在我看来，小小的杆秤，大大地方便了人们的生活，这其中到底是什么科学原理在发挥着作用？在给定一把杆秤后，它到底能称量出多少质量的物品呢？

分析问题

我想自己制作一个杆秤，并利用这个杆秤做一个称量的实验，收集并分析数据，建立数学模型，找到秤砣质量、秤杆长度和所称量物体质量之间的关联，并分析得出杆秤的量程。

建立模型

1. 设计实验

杆秤一般由木质秤杆、金属秤盘、金属秤砣以及提绳组成。秤杆上标着秤星，秤盘通过秤钩挂在秤杆上。称重时，把需要称重的物品放在秤盘上，一只手提着提绳，一只手拨动砣绳，使秤砣在秤杆上移动以保持秤杆水平平衡。根据秤杆水平平衡时砣绳所处位置的秤星，即可读出被称物品的质量。

在了解杆秤的结构以后，我尝试着做一个杆秤。我用一根木质的筷子当作秤杆，在上面标出距离提绳位置的刻度。然后我从其他玩具上拆下两个卡子，依次卡在筷子的提绳位置，以方便固定提绳与秤盘绳。最后我找来两个大号螺母当作秤砣，用积木方块当作待称量的物体，如图22-1所示。

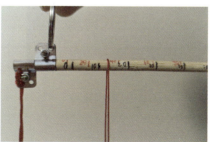

图 22-1

实验大致步骤如下：

①制作杆秤。

②称量特定数量的积木方块，掌握杆秤的使用方法。

③记录秤杆平衡时砣绳的位置。

④用电子秤称量出这批积木的实际质量。

⑤重复步骤②~④。

⑥分析数据，找出砣绳位置与积木质量的关系，分析杆秤背后的科学原理。

2. 实验过程

我在刚开始尝试称量时发现，在没有挂秤砣时，秤杆是向秤盘方向倾斜的，说明秤盘的质量影响了杆秤的平衡性。所以我需要先挂上秤砣，找出秤砣在秤杆的什么位置才能使秤杆平衡，将该位置作为秤杆的平衡点，也就是后续称重时秤砣位置的原点，如图22-2所示。这样在后续的测量中就抵消了秤盘的质量。

我量出秤盘绳距离提绳的距离是1.4cm，记作L_{left}，然后用电子秤测出每次称重积木的总质量，记作G_{left}。

一个螺母的质量为9g，秤砣的总质量记作G_{right}。$G_{right}=9 \times n$，其中n为螺母的个数。

称重时，我用两个秤砣的不同组合，分别对不同质量的物品进行称重，记下每次秤杆平衡时秤砣位置到秤砣原点的距离，记作L_{right}。实验过程如图22-3所示。

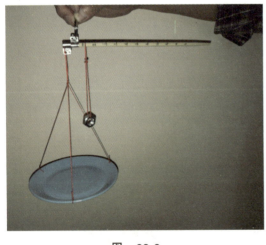

图 22-2

图 22-3

3. 实验数据

通过实验，我得到了表22-1中的数据。

表　22-1

类别	数据				
	第一次	第二次	第三次	第四次	第五次
螺母数量	1	1	2	2	2
方块质量（g，电子秤）	7	60	77	108	148
L_{right}	0.7	9.5	5.8	9	11.3

模型求解

　　观察数据，我发现随着方块质量逐渐增加，为了保持秤杆平衡，秤砣需要不断向右移动，逐渐远离原点。当秤砣接近秤杆右端时，为了继续称出更大的质量，就需要增加秤砣质量。刚刚挂上新秤砣时，秤砣和原点的距离又接近了，然后随着方块质量的增加，秤砣继续往右移动。这一现象说明，当测试的重物一定时，秤杆的平衡既与秤砣距离原点的长度有关，也与秤砣的质量有关，即秤砣越重，或者距离越长，可称重的质量就越大。我尝试计算了一下质量和距离的乘积，试图找出这其中的关联。计算结果参见表22-2。

表　22-2

类型	数据（g）				
	第一次	第二次	第三次	第四次	第五次
$G_{left} \times L_{left}$	7	84	107.8	154	207.2
$G_{right} \times L_{right}$	6.3	85.5	104.4	162	203.4
误差	−0.7	+1.5	−3.4	+8	−3.8

模型结论

　　这其中的数据误差应该是由实验造成的，误差值分散在标准值的正负两侧，看上去并没有规律，所以我认为可以忽略误差的影响。这样我终于发现了其中的规律，这个规律可以用数学模型表达如下：$G_{left} \times L_{left} = G_{right} \times L_{right}$。

　　我查阅了相关资料，这个数学模型其实就是著名的杠杆平衡原理。该原理表述如下：支点前后的"阻力(F_2) × 阻力臂(L_2) = 动力(F_1) × 动力臂(L_1)"，如图22-4所示。

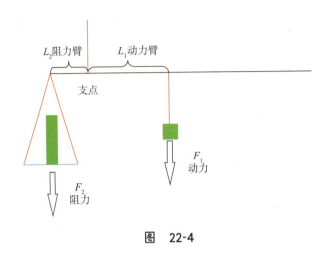

图　22-4

模型收获

在这次实验中，我发现自制的杆秤存在着一定的误差。我认为有以下几点原因可能会导致误差：秤杆太短了，刻度之间的距离很接近；因为两个卡子形状的关系，提绳和秤盘绳都没有直接固定在秤杆上；称重时秤杆会晃动，难以保持水平；秤杆是用筷子做的，秤砣的挂绳在秤杆上移动时摩擦力较大，不顺滑，导致无法通过准确移动挂绳使杆秤的位置保持完全水平的状态，从而影响最终结果的准确度；提点与秤杆的摩擦力大，灵敏度不够。

针对这些可能会导致误差的原因，我想到了几个改进办法：把秤杆加长，增加刻度间的距离；想办法将提绳和秤盘绳直接固定到秤杆上；在秤杆上装一个水平仪，更清楚地看到秤杆的平衡；给秤杆刷上油漆，让它变得光滑；定期在提点与秤杆的摩擦位置处加上少量的润滑油，减少提点与秤杆的摩擦力。

这次通过对杆秤的研究，让我收获很大。我通过设计实验，并对实验数据进行分析和计算，最后建立了杆秤的数学模型。由此我深刻理解了杆秤背后的杠杆平衡原理，还拓展了思路，运用该模型解决了其他问题。在现实生活和科学研究中，杆秤原理的应用应该还有很多，人们利用杠杆原理造出了许多复杂且精密的结构，这引起了我极大的兴趣，等待着我去发现和探究。

✈️ **模型应用**

在掌握了杠杆平衡的数学模型以后，我就思考这个模型除了称重以外，还有没有别的应用呢？我想到了它可以帮我解决两个问题：计算杆秤的量程和制造"费力"结构。

1.计算杠秤的量程

参考一个中等量程大小的杆秤，假设一个杆秤上提点到秤盘的距离L_{left}是5cm，提点到秤砣的距离L_{right}是5~40cm，同时有一个200g的秤砣，那么根据杠杆平衡的数学模型：$G_{left} \times L_{left} = G_{right} \times L_{right}$，可得$G_{left} = (G_{right} \times L_{right}) \div L_{left}$。

这个杆秤的量程就是：最小G_{left}=（200×5）$\div 5$=200g=0.2kg；最大G_{left}=（200×40）$\div 5$=1600g=1.6kg。

如果我们想让这个杆秤的量程变大，而秤杆长度不变，我们就要增加秤砣的质量。为了防止量程中间出现空缺，新秤砣的质量就是1600g=1.6kg。此时这个杆秤的最大量程就是：最大G_{left}=（1600×40）$\div 5$=12800（g）=12.8（kg）。

如果将大小两个秤砣组合起来，能得到的最大量程就是：最大G_{left}=［（$1600+200$）$\times 40$］$\div 5$=14400（g）=14.4（kg）。

一根秤杆，两个秤砣，就能得到量程为0.2~14.4kg的一个精确衡量工具。所以从理论上说，只要制作杆秤的材料足够结实，它的量程上限可以大到超出你的想象。

2."费力"结构

在日常生活中，杠杆原理经常被用来称量，除了上文中提到的杆秤，还有机械结构中的省力结构，比如撬棒及扳手。但是杠杆并不都是用来实现测量和省力的结构。有时候力量不是问题，人们想得到的是更大的位移。这时可以利用杠杆原理的几何特性，来实现一些"费力"的结构，从而用一个小的位移得到一个大的位移，比如图22-5中挖掘机的液压传动系统。

图　22-5

还有图22-6中拍电影用的摄像机摇臂。

图　22-6

假设摄影师控制的点到支点的距离是1m，摄像机到支点的距离是5m，旋转角度是α，那么控制把的位移距离与摄像机的位移距离的比就是：（$\frac{\alpha}{360} \times 2 \times \pi \times 1$）：（$\frac{\alpha}{360} \times 2 \times \pi \times 5$）。化简后就是1：5，具体数据（单位：cm）如图22-7所示。

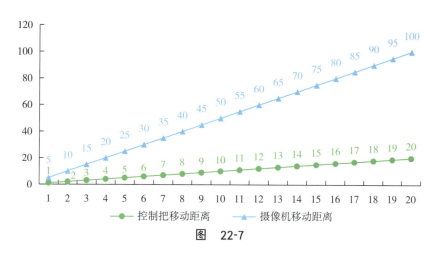

图 22-7

教师点评

杆秤是我国古代传统的称量器具，杆秤的制作体现了我国古代劳动人民的聪明才智。千百年来，在中华文明的历史长河中形成了独特的杆秤文化。咏霖同学在探究过程中不断迭代完善，精益求精，从不同角度进行深入分析。本成果以杆秤的制作为驱动性问题，以项目式学习为路径，利用数学建模的思维模式分别论述了杆秤背后的杠杆原理、杆秤的量程问题和杠杆原理的其他应用，培养了咏霖同学在真实情境中的问题解决能力。在本成果中，如果能增加更多的数据支持并加以分析，内容就会更加充实。例如在论述杆秤的误差原因和改善办法时，如果能设计实验并加以分析建模，得到相应的误差系数，就会有更大的收获。

成果 23 公交车站如何设置更合理

王静彤

 问题背景

交通拥堵日益严重，环保观念深入人心，越来越多的人选择坐公交车绿色出行的方式。特别是在乡村，更要大力发展公共交通，促进乡村发展繁荣。

? 提出问题

一条公路上有5个村庄A、B、C、D、E。在公路上设立一个公交站，使得5个村庄里的每一个居民到达公交站的距离最短，问这个公交站应设在哪里？

分析问题

影响公交站点设置的因素有：村庄位置（村庄距离）、道路形状、村庄人口、村庄居民年龄分布、道路是否容易堵车、村庄有几个出口、距离出口最远的居民等。为了简化模型，我们假设道路是直的，忽略道路宽度，道路就是一条直线；假设5个村庄都在一条直线上，位置分别为a、b、c、d、e（此处可能不同，可能假设相邻小区等距后设为1,2,3,4,5）；5个村庄每天坐公交车的居民人数相等，可合理解释为5个村庄的人到公交站的距离和最小。

建立模型

假设每个村庄人口数量相同，均为单位"1"，假设公交站位置在数轴上表示为x；5个村庄中相邻两个的距离相等，将道路看成一条数轴，如图23-1所示。

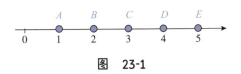

图 23-1

建立模型得$\left(|x-1|+|x-2|+|x-3|+|x-4|+|x-5|\right)_{\min}$。

模型求解

5个村庄模型求解相对复杂，我们先从简单的模型开始。

（1）如果只有1个村庄，如图23-2所示。

P在A左侧时，$PA>0$；P与A重合时，$PA=0$；P'在A右侧时，$P'A>0$。

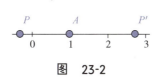

图 23-2

（2）如果有2个村庄，如图23-3所示。

$|x-1|+|x-2|$的意思是动点P到定点A和B的距离和$PA+PB$：P在A左侧时，$PA+PB=2PA+AB$；P'在A、B之间时，$P'A+P'B=AB$；P''在B右侧时，$P''A+P''B=2P''B+AB$。

显然，P''在A、B之间时，$PA+PB$最小。

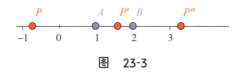

图 23-3

（3）如果有3个村庄，如图23-4所示。

$|x-1|+|x-2|+|x-3|$的意思是动点P到定点A、B、C的距离和$PA+PB+PC$：P在A左侧时，$PA+PB+PC=3PA+2AB+BC$；P'在A、B之间时，$P'A+P'B+P'C=P'B+AB+BC$；P''在B、C之间时，$P''A+P''B+P''C=P''B+AB+BC$；$P'''$在$C$右侧时，$P'''A+P'''B+P'''C=3P'''C+AB+2BC$。

可发现，当P''和B重合时，$P''B=0$，此时$P''A+P''B+P''C=AB+BC=AC$，为最小值。

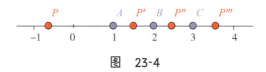

图 23-4

（4）如果有4个村庄，如图23-5所示。

$|x-1|+|x-2|+|x-3|+|x-4|$的意思是动点P到定点A、B、C、D的距离和$PA+PB+PC+PD$：P在A左侧时，$PA+PB+PC+PD=4PA+3AB+2BC+CD$；$P$在$A$、$B$之间时，$P_1A+P_1B+P_1C+P_1D=2P_1B+AB+2BC+CD$；$P_2$在$B$、

C之间时，$P_2A+P_2B+P_2C+P_2D=AB+2BC+CD$；$P_3$在$C$、$D$之间时，$P_3+P_3B+P_3C+P_3D=2P_3C+AB+2BC+CD$；$P_4$在$D$右侧时，$P_4A+P_4B+P_4C+P_4D=4P_4D+3CD+2BC+AB$。

可发现，当P_2在BC之间时，距离和最小。

图 23-5

（5）如果有5个村庄，如图23-6所示。

$|x-1|+|x-2|+|x-3|+|x-4|+|x-5|$的意思是动点$P$到定点$A$、$B$、$C$、$D$、$E$的距离和$PA+PB+PC+PD+PE$。

同上可得，P_2和C重合时，动点P_2到定点A、B、C、D、E的距离和$P_2A+P_2B+P_2C+P_2D+P_2E$取得最小值为$AB+2BC+2CD+DE$。

图 23-6

模型结论

综上，我们可以发现，当有奇数个点时，绝对值和的最小值在中间点处取得；当有偶数个点时，绝对值和的最小值在中间段处取得。

不过，我还研究了一下5个村庄每天坐公交车的居民人数不相等。A村庄有m人，B村庄有$2m$人，C村庄有$3m$人，D村庄有$4m$人，E村庄有$5m$人（$m \geq 0$）。此时模型变为：

$$m|x-1|+2m|x-2|+3m|x-3|+4m|x-4|+5m|x-5|$$
$$=m(|x-1|+2|x-2|+3|x-3|+4|x-4|+5|x-5|)$$
$$=m(|x-1|+|x-2|+|x-2|+|x-3|+|x-3|+|x-3|+|x-4|+$$
$$|x-4|+|x-4|+|x-4|+|x-5|+|x-5|+|x-5|+|x-5|+|x-5|)$$

此时共有15个式子，按照刚才求解的模型结论，应该建在"第8个式子"所指代的村庄，即D村。

所以当5个村庄距离相等，人数不相等时，我们可以将它拆项转化为相等，如此再按原模型的结论，就可以得到公交站设立的最佳位置。

 **模型收获**

通过这次探究，我知道了每一项政策或规定出台都需要综合考虑很多因素，分析起来都很复杂，所以我们要尊重规则。通过这次探究，我也学会了用数学来分析和解决问题。

教师点评

本成果中，静彤同学从生活中发现问题，抽象转化为数学问题——距离和——绝对值求和，作出假设建立数学模型，在未知结果和方法的情况下，从特殊到一般求解数学模型，思路非常好。并对模型进行了拓展分析，分析了坐公交车人数不等时的情况如何处理。本成果还可以继续研究的点是，道路不是直线，是有宽度的，村庄分布在道路两侧如何处理呢？如果一个村庄建有养老院，要不要特殊关照呢？这些情况也都可以继续考虑。

成果24 合理存款，收益多多

姜天润

问题背景

在日常生活中，人们常常把暂时不用的钱存入银行储蓄起来，储蓄不仅可以支援国家建设，还能保证个人资金安全，并且增加一定的利息收入。

 提出问题

想必大家都有一些积蓄吧？这些积蓄可能来自长辈给的红包、父母给的生活费，你怎么管理它们呢？我认为最安全的方法是把积蓄存进银行。于是问题来了：我们如何存款收益会更多呢？

分析问题

通过查阅资料，我了解到我国几大国有银行利率都差不多，地方银行的利率可能会高一些。本次探究以中国工商银行的利率为例。具体利率见表24-1（摘自工商银行官网2023.12.22版）。

表 24-1

项目	年利率（%）	
活期存款	0.20	
定期存款	整存整取	
	三个月	1.15
	六个月	1.35
	一年	1.45
	二年	1.65
	三年	1.95
	五年	2.00

建立模型

我们已经在六年级上学期数学课上学过了定期存款（整存整取）计算利息的

方法。取出的钱=本金×年利率×时间（单位：年）+本金。

例如：在工商银行中存入10000元，定期存款1、2、3、5年，若按表24-1的年利率计算，则到期后分别能取出多少元？

根据公式，

存1年能取：$10000 \times 1.45\% \times 1 + 10000 = 10145$（元）；

存2年能取：$10000 \times 1.65\% \times 2 + 10000 = 10330$（元）；

存3年能取：$10000 \times 1.95\% \times 3 + 10000 = 10585$（元）；

存5年能取：$10000 \times 2.00\% \times 5 + 10000 = 11000$（元）。

由此可见，存款时间越长，我们得到的利息就越多。

✍ 模型求解

那么，我们都选择存最长年限，就一定最好吗？工商银行有一条规定：定期存款如果提前支取，按表24-1中的活期利率计算。

例如：存款10000元，定期5年，到期后可以取出11000元。但是到第4年末需要提前支取，这时怎么存款收益更多呢？

如果每次都定期1年，共4年，可支取：$10000 \times 1.45\% \times 4 + 10000 = 10580$（元）；

如果每次都定期2年，共4年，可支取：$10000 \times 1.65\% \times 4 + 10000 = 10660$（元）；

如果定期5年，到4年末支取，按照活期利率计算，可支取：$10000 \times 0.2\% \times 4 + 10000 = 10080$（元）。

由此可见，如果有提前支取的可能时，需要根据实际情况进行调整，让定期存款的年限越长越好。

🌐 模型结论

在实际生活中，比较常见的是"复利"存款方式（即到期自动转存），这种方式是如何计算的呢？所谓"复利"其实就是将之前得到的钱"本+息"一起作为下一年的本金，再储蓄计算利息。以此循环往复，让"钱生钱""利滚利"。由于利息叠加，所以复利到期后可取出的钱的计算公式是：本金×

$$\left(1+\frac{年利率}{1\,年中复利次数}\right)^{(1年中复利次数×时间)}。$$

例如： 存入10000元，存期5年，每年转存1次，1年年利率1.45%，到期后能取出多少元？

如果每次都定期1年，一年到期后，本金进入下一年（不复利），共5年，可支取：$10000×1.45\%×1×5+10000=725+10000=10725$（元）；

如果每次都定期1年，到期自动转存，共5年，可支取：$10000×（1+1.45\%）^5≈10746.33$（元）。

如果按照定期存款，整存整取共5年，可支取：$10000×2\%×5+10000=11000$（元）。

因为10725元<10746元，所以复利收益大于不复利收益。因为11000元>10746元，由此可见，定期存款到期自动转存，同样时间收益小于不转存的；而定期时间越长的收益通常越高。但是定期存款如果提前支取，按活期计息，收益会较低，所以应该根据后期用款的具体情况规划存款方式。

变化一下这个问题：存入10000元，存期4年，每次都存一年的定期存款，到期自动转存，一年的年利率达到多少时，4年到期后能取出11000元？

这个问题实际上就是把第一个问题反过来计算。先假设一年年利率是x，解题过程如下：

解：$10000×（1+x）^4=11000$

$（1+x）^4=1.1$

开方得，

$$（1+x）=\sqrt[4]{1.1}$$

$$1+x≈1.0241$$

$$x≈0.0241$$

所以，一年年利率达到约2.41%时，到期后能取出11000元。

再进一步变化这个问题：存入10000元，每次都定期1年，到期自动转存，一年年利率1.45%时，存期几年到期后至少能取出11000元？

这个问题，其实还是用到同一个公式，只是未知数发生了变化，求的是时间

（期数），解题过程如下：

解：
$$10000 \times (1+1.45\%)^x = 11000$$
$$(1+1.45\%)^x = 1.1$$

类似这种已知底数和幂，求指数的方程我还没有学过。于是我上网查询，得知它需要用到高一的知识——对数（log），由此可将方程转化为：

$$x = \log_{1.0145}1.1 = \frac{\lg 1.1}{\lg 1.0145} \approx 6.62 \text{（年）}$$

考虑到实际情况，存款利率是按照定期存款一年来计算的，因此存款年数应为正整数。综上所述，每年复利一次，一年年利率为1.45%时，7年到期后至少能取出11000元。

模型收获

在相同条件下，定期存款到期自动转存可以比不转存获得更高的收益；而定期时间越长，收益越高。但如果定期存款提前支取，则按活期计息，此时收益会较低。因此应该根据后期用款的具体情况规划存款方式。

教师点评

通过天润同学建立的数学模型，以及对不同存款情况的具体分析，我们清楚地了解了在正常情况下（不考虑定期存款年限越长，利率越低的情况），怎么合理规划存款，可以使收益最大化。也让我们初步了解了银行的计息办法。"存款"中还有很多数学问题等着我们去探索。除了银行存款，还有基金、理财、股票、国债等多种投资方式，等待同学们去探究。希望每个人都实现"我的存款我做主，合理存款收益多多"的目标。

成果 25　足球的小秘密

郭飘杨

问题背景

2022年11—12月四年一次的世界杯足球赛在卡塔尔成功举办了，足球也成了我无法忽视的主角。说起球，我们的第一反应是，它是圆的，圆溜溜的，一碰就滚动。但是足球是个异类，因为它并不是那么的圆，而是有许多正五边形和正六边形组成的近球体的多面体。

提出问题

为什么足球不做成球形，而使用这种近球体的多面体？如何快速地计算出这些正五边形和正六边形的数量呢？

分析问题

知行合一，笃行致远。在探究这个问题时我们就需要先找到一个样本。先回顾一下2010年南非世界杯指定用球——"普天同庆"，如图25-1所示。这个球应该是足球世界杯有史以来使用的最圆的足球。它使用八块球皮将足球完美地拼接起来，消除了球皮表面的边、角，减少了表面缝合使用的针线缝隙，想通过将足

图　25-1

球表面变光滑，从而提高球速和球的飞行距离。但对于这个最圆的球，球员对它的评价并不太好。

为什么对于这个最圆的球，球员并不太喜欢呢？我从速度和距离的角度进行分析。首先说说速度和距离，按理说圆是最完美的形体，球的表面越光滑，在飞行的过程中与大气接触时产生的摩擦力就会越小。其实并非如此，我仔细观察球的运动方式，发现球在向前运动的过程中并不是平行位移，而是不断地旋转，也就是说球在向前运动的过程中是两种状态并存的。

我们先看一下平行位移的小球在运动时的受力情况，受伯努利效应的影响，在高速平移的足球后部就会形成一个低压区，前后压力不同就形成了压差阻力。当球体越圆，球面前部所受摩擦力越小，前后压差就越大，这种压差的增大会影响足球的速度。而普通足球的不规则形状，则增大了足球的摩擦力，使足球表面的空气可以更好地附着，甚至延迟空气的分离，从而减少球前后压差，让球飞得更快、更远。

而当球被踢出去以旋转方式运动时，不规则的多面体比球形能够带动更多的空气和它一起旋转，改变球体周围竖向和横向的空气的流速。如果足球旋转轴垂直地面、逆时针方向旋转，下方空气的流速增大，上方流速减少(流速大、压强小，流速小、压强大)，因此会形成向下弯曲轨迹的香蕉球；而如果旋转轴平行于地面，同理也会形成落叶球。

由此可见，在飞行速度、传球距离和特殊轨迹球的产生上，传统足球的多面体形状比"普天同庆"足球更加让球员喜欢。

建立模型

为什么传统足球选择的是截角二十面体，而不是其他的多面体呢？

我们需要先了解一下神秘的柏拉图立体，如图25-2所示。古希腊哲学家柏拉图认为，各面都是由一种正多边形构成的立体是非常神秘的，并将它们和自然界的基本元素联系到了一起：正四面体——火，正六面体——土，正八面体——气，正十二面体——宇宙，正二十面体——水。

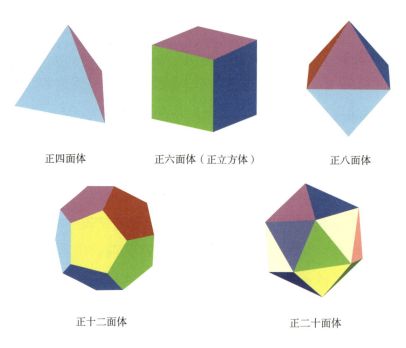

正四面体   正六面体（正立方体）   正八面体

正十二面体   正二十面体

图 25-2

这些正多面体有什么不同之处能让柏拉图对其如此重视？

我们都知道，要成为立方体，必须有3个以上的多边形围绕着每一个立体的顶点。以我们最熟悉的正六边形为例，如果在其中的顶角再增加一个正方形，我们会发现他就没有办法再折叠了。这说明聚集到同一顶点的图形的各个角相加之和要小于360°。而符合这个条件的正多面体只有五种，这些正多面体各顶点多面角的平面角之和分别是180°，270°，240°，324°和300°。

正十二面体的顶点多面角的平面角之和是324°，因此它看起来就更趋向于圆。除了这个特征，这正十二面体还与球面之间有不可思议的联系。在正十二面体的外部有一个和各个顶点相交的圆，在内部有一个和各个面相切的圆，并且外接圆、内接圆、多面体共用一个圆心，这就意味着相较其他的多面体，正十二面体的形状更加稳固。说到这里似乎正十二面体和足球的确有些缘分。如果再将这些正立方体的顶角截去，让截除的图形的各边和剩余各边都等长，这时就形成了一个截角二十面体，之前的顶角位置就会形成20个六边形，而之前面的位置则被截成了12个五边形。观察这个由2个正六边形和1个正五边形交汇形成的平角，我们观察到它们的和为120°×2+108°=348°，它更加接近360°，截角二十面体的形状也更加趋向于圆，更能保证足球滚动得更加流畅，如图25-3所示。

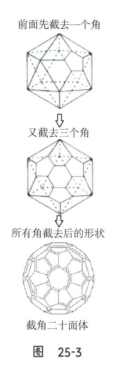

前面先截去一个角

又截去三个角

所有角截去后的形状

截角二十面体

图　25-3

可以看出截角二十面体既有稳定的圆心，又能通过棱角和面适度地增加高速运动时球的摩擦力，解决压差问题。

模型求解

那这个看起来像圆的截角二十面体到底有多少面、多少边、多少角呢?

这里可以通过欧拉定理求解：$F_{面数}+V_{顶点数}-E_{边数}=2$。

假设黑（正五边形）、白（正六边形）两色各有x，y块，则面数$F=x+y$；由于每条棱均为黑白两个面的交线，所以棱边数$E=\dfrac{5x+6y}{2}$；每个顶点均为三个面的公共点，所以顶点数$V=\dfrac{5x+6y}{3}$。由欧拉定理得：

$$(x+y)+\frac{5x+6y}{3}-\frac{5x+6y}{2}=2 \tag{1}$$

又因每块白皮对应的六边形中有三条边与其他白皮相连，剩余三条与黑皮相连，所以得出：

$$\frac{6y}{2} = 5x \qquad (2)$$

解式（1）和式（2）得$x=12$，$y=20$，即黑色12块，白色20块。

继续计算可以得到$V=60$，$E=90$，$F=32$。

模型结论

传统足球的截角二十面体，形状近似圆，既能够保证足球的滚动性，又能够很好地利用棱角和面适度地增加高速运动时球的摩擦力，解决压差问题，提高足球的飞行速度和距离，因此更适宜用于足球比赛。

继续探究，我发现：即使是饱受诟病的"普天同庆"足球，它在减少拼接面的同时，依旧保留了截角二十面体的重要特征。我观察普通足球的12个黑色的正五边形，如将相邻的黑色正五边形两个视为一组，可以分成6组；这6组从前后、上下、左右两两对应，将每组想象成线段，如图25-4所示，将相对的组进行连接，因为内心外心重合，所以这些相对的连线形成的面会关于球中心对称。而这3个面两两又相互垂直，形成空间直角坐标系中的3个坐标平面：xy平面、yz平面、zx平面，它们将足球均匀地分成了相连的8等份。如图25-5所示，这就是"普天同庆"足球使用8块球皮拼接的原因。

图 25-4　　　　　　　图 25-5

因为普通足球上的缝线足够多，所以它们在飞行速度达到45km/h时，就能使空气经过时产生湍流，从而让球的侧面发生偏转力，左右摇摆，形成蝴蝶球。而"普天同庆"足球由于表面过于光滑，气流不能很好地附着，所以只能在80～88km/h才会产生这种效应，而80km/h的速度又恰是射门以及任意球的时速，反而会降低射门或任意球传递的准度，这也是它饱受诟病的原因。

 **模型收获**

经过这次探究，我得知，原来在球场上，影响比赛的因素这么多，球的形状、缝隙、缝合……如果你对足球感兴趣，大家一起来寻找赛场上更多的秘密。

教师点评

本成果以世界杯足球形状的演变入手，从物理角度和数学角度分别对足球形状进行分析和探究，并通过欧拉公式求解，再对结果进行分析。探究层层深入，步骤完整，结论清晰。

类型四

最优化模型

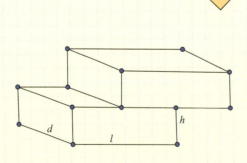

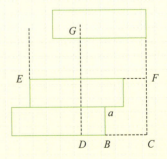

法国队一定能出线吗

金孟瞻

在2022年世界杯足球赛决赛阶段小组赛中，2018年世界杯足球赛冠军法国队两战全胜提前出线，而日本队和沙特阿拉伯队分别击败了前世界冠军德国队和阿根廷队，爆出冷门。所有球队都在为争夺小组出线权拼尽全力。

提出问题

2022年世界杯足球赛决赛阶段的小组赛小组出线的条件是什么呢？一支球队最少得几分就能保证小组出线？最少得几分就有可能出线？

这其实也是一个数学问题。那么我们先来看一下2022年世界杯足球赛决赛阶段小组赛出线的规则是什么。

（1）小组赛每组4支球队，单循环比赛，所以每个小组共需要参加3+2+1=6（场）比赛。

（2）每场比赛，胜队得3分，双方打平各得1分，输得0分。

（3）每个小组积分排名前2名可以出线。

（4）如果出现积分一样的情况，总净胜球（总进球数－总失球数）多的队出线。

（5）如果净胜球数也一样，总进球数多的球队出线。

（6）如果按照以上规则仍有两支或两支以上的球队并列，则按以下顺序依次比较以确定排名先后。

①比较并列几队之间的胜负关系，如果仍然相等；

②比较并列几队之间的净胜球数，如果仍然相等；

③比较并列几队之间的总进球数，如果仍然相等；

④比较并列几队之间的红黄牌数量。

因此，我们需要考虑的积分情况，一般只需要考虑到第四条就可以了，也就是说，考虑有多支球队积分相同的情况下，最少获得多少积分保证出线和最少获得多少积分就有可能出线？

建立模型

首先，我思考了两个有趣的小问题：在这种积分规则下，一个小组的总积分最大值和最小值分别是多少？为了讨论方便，我假设一个小组的4支球队分别称为甲、乙、丙、丁。

一个小组总积分的最大值： 要想最大值尽量大，那么需要有尽量多的3分。一支球队最大可能是3胜，得9分。但不可能所有队都是3胜。因为甲队3胜，就意味着乙、丙、丁3支球队不可能3胜。那么最多积分可能就是甲队胜3场得9分，乙队胜2场得6分，丙队胜1场得3分，丁队全负得0分。由于胜一场的积分等于平三场的积分，所以一个小组的总积分最高可能就是9+6+3=18（分）。

一个小组总积分的最小值： 由于不可能所有队都得0分，而且胜1场等于平3场的积分。所以最小可能性就是所有队都平局得1分。那么最小积分可能就是3+3+3+3=12（分）。

一支球队最少获得多少积分有可能出线？

"有可能出线"转化成数学语言就是：一支球队的积分有可能获得前两名的最小值是多少？也就是说，这支球队的积分一定是高于或等于至少两支球队。比如甲队如果有可能出线，就意味着甲队的积分至少高于或等于乙、丙、丁中其中至少两个队。我考虑这样一个情况，甲队全胜积3+3+3=9（分），乙、丙、丁三个队之间的另外三场比赛全部平局，那么乙、丙、丁队各积2分，都有可能实现小组出线，见表26-1，出线的可能取决于积分之外其他因素。那么这个最小值就是2。

表 26-1

	甲队（9分）	乙队（2分）	丙队（2分）	丁队（2分）
甲队		乙负	丙负	丁负
乙队	甲胜		丙平	丁平
丙队	甲胜	乙平		丁平
丁队	甲胜	乙平	丙平	

模型求解

一支球队最少获得多少积分才保证出线？保证出线转化成数学语言就是：一支球队的积分保证获得前两名的最小值是多少？换句话说，这支球队积分至少是小组并列第一，且大于同组其中两队。比如甲队积分必须大于乙队和丙队，并且不低于丁队，才能保证出线。我们知道，如果甲队全胜，积3+3+3=9（分），当然保证出线，但9分不是保证出线的最小值。我们考虑一个极端情况，丙队最差，3场全输积0分，另外三支球队，甲胜乙，乙胜丁，丁胜甲，那么甲、乙、丁三支球队同积3+3=6（分），丙队0分。三支球队同时积6分，但是我们能看出来，谁也不保证能出线，只是有可能出线，还要看其他条件，见表26-2。所以，如果是保证能出线，必须是6+1=7（分），即甲队胜乙队，胜丙队，平丁队共得7分，才能保证不管其他三支球队出现何种情况，保证出线。

表 26-2

	甲队（6分）	乙队（6分）	丙队（0分）	丁队（6分）
甲队		乙负	丙负	丁胜
乙队	甲胜		丙负	丁负
丙队	甲胜	乙胜		丁胜
丁队	甲负	乙胜	丙负	

模型结论

回到开头提到的法国队，为什么踢了2场，积了6分，就保证出线了呢？这是因为这个组4支球队：法国队、丹麦队、澳大利亚队和突尼斯队。在前两轮的比赛中，法国队战胜澳大利亚队和丹麦队积6分；丹麦队负法国队平突尼斯队积1分；澳大利亚队负法国队胜突尼斯队积3分，突尼斯队平丹麦队负澳大利亚队积1分。即使最后一轮法国队负突尼斯队，法国队依然积6分，突尼斯队积4分。澳大利亚队和丹麦队比，如果澳大利亚队赢，澳大利亚队积6分，丹麦队赢积4分，法国队和澳大利亚队出线；双方平都不会超过4分。法国队肯定出线。综上所述，法国队已经提前锁定小组出线权。

模型收获

世界杯足球赛决赛阶段比赛是全世界足球迷的狂欢，他们宁愿熬夜也要看球，展现了他们对足球的极大热情。我用数学知识来分析各支球队出线的可能，这为我带来了更多的看球快乐。

教师点评

本成果对世界杯足球赛决赛阶段比赛的小组赛出线规则进行了解读和分析，利用不等式知识和表格进行了直观分析，逻辑清楚，分析到位。这是应用数学知识分析实际问题的一个非常好的探索。用数学的眼光看世界，总能先人一步分析战局，体现了数学在看体育比赛中的重要作用。下一步，希望尝试用数学符号语言来表述分析过程，自主学习线性规划的知识来进一步优化求解方法，这样会让分析更简洁、更有说服力。

2023 年"双十一"满减购物攻略

成果 27

张清瑜

问题背景

每年的"双十一"购物节，妈妈一般会变得非常忙碌，查阅各种攻略，计算着各种优惠方式，希望能用最低的价格买下家中所需的东西。

提出问题

以某电商平台为例，"双十一"常见的全品类可用的优惠方式主要有"满减""优惠券"和"预付定金"3种，那么怎么购买才能享受最大的优惠，优惠之后又能节省多少呢？

分析问题

某年度"双十一"某电商平台采用平行式折扣方法，区别于以往递进式使用方式，满减和优惠券无优先级，可以同时使用，流程如图27-1所示。

例如：某商品原价为200元，平台有200减30的满减活动，账户

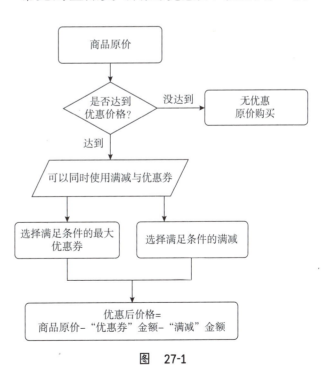

图　27-1

内有1张200减10的券，可以叠加使用，优惠后实际支付价格为160元。

某电商平台的满减规则是满300减50，但每笔订单只能使用一次满减。相比之下"优惠券"规则比较复杂，分为许多种类型，而适用于所有商品的优惠券有：满200减10、满1000减50和满2000减100三种，每笔订单也只能使用一张优惠券。

预付定金的折扣基本在9~9.5折，但是预付定金购买的商品无法同时参与优惠券和满减活动。

🗒 建立模型

为比较优惠情况，需要分别为不同优惠方式建立函数模型，对比同一商品在原价条件下，不同优惠方式的优惠力度，并通过函数图象直观展示对比情况。由于各活动的优惠力度相差不大，采用优惠后的价格作为因变量建立函数，结果在图象中非常接近，不便于比对，所以本次探究采用优惠节省的金额为因变量，建立以商品原价为变量的函数模型。

✍ 模型求解

1. 为预付定金折扣情况构建函数

因为预付定金直接打折且与其他活动不共享，所以优惠可节省金额的函数模型可以表示为：

$$优惠可节省金额=原价×（1-折扣数÷10）$$

因为折扣情况基本在9~9.5折之间，所以分别选取9折和9.5折构建函数。

9折时构建可节省金额函数①：

$$y=0.1x$$

9.5折时构建可节省金额函数②：

$$y=0.05x$$

分别绘制函数①和②的图象，如图27-2所示，其中y轴表示优惠后节省的金额，x轴表示商品原价，图象越靠近上方，节省金额越多。根据图象不难看出9折比9.5折更为优惠。

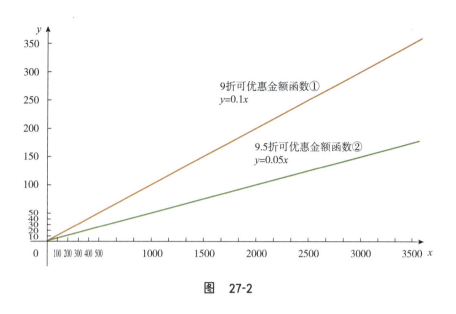

图 27-2

2. 为满减和优惠券共同使用的情况构建函数

由于在商品原价不同的情况下有不同的折扣方案，所以需要进行分段讨论，各种可能的情况见表27-1。

表 27-1

原价范围	可用优惠	节省金额（元）
原价<200元	没有打折	0
200元≤原价<300元	可以使用200减10的优惠券	10
300元≤原价<1000元	可叠加使用200减10的优惠券和300减50的满减	60
1000元≤原价<2000元	可叠加使用1000减50的优惠券和300减50的满减	100
原价≥2000元	可叠加使用2000减100的优惠券和300减50的满减	150

根据表27-1，可建立优惠节省金额y与原价x的分段函数③，如下：

$$y = \begin{cases} 0, & x < 200 \\ 10, & 200 \leqslant x < 300 \\ 60, & 300 \leqslant x < 1000 \\ 100, & 1000 \leqslant x < 2000 \\ 150, & x \geqslant 2000 \end{cases}$$

函数③图象如图27-3所示。

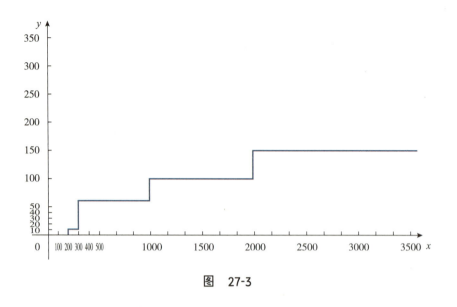

图　27-3

组合得到最终函数图象，如图27-4所示。

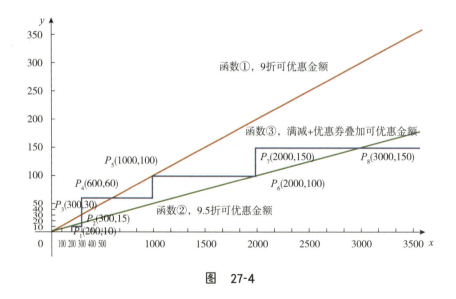

图　27-4

模型结论

经过计算可求出函数①与函数③交点x取值为300、600和1000，函数②与函数③交点*x*取值分别为200、300、2000、3000。结合图27-4进行分析，我们可以得出以下结论：

当商品原价≤300元时，选择预付定金方式更为优惠；

当300元<原价≤600元时，满减+优惠券方式一定比预付定金方式优惠；

当600元<原价≤3000元时，如果预付定金方式折扣≤9折，则应选择预付定金方式，当折扣>9.5折时，则要选择满减+优惠券方式；

当原价>3000时，预付定金方式一定比满减+优惠券方式更划算。

模型收获

根据以上结果，不难发现，"双十一"的优惠力度其实并不大，只有商品原价恰好为300元整时，结合满减+优惠券的组合方式能达到最大优惠，也仅为8折，其余时间折扣基本在9～9.5折。

教师点评

一年一度的"双十一"购物狂欢节已成为各大电商平台争夺市场份额的关键时期。从"双十一"诞生之日的"一律半价"到如今五花八门的促销方案，让广大消费者眼花缭乱。深谙数学之道的清瑜同学对某电商平台的"双十一"促销策略进行了对比分析，选取了优惠节省的金额作为比较因子，并给出了不同的购物方案，破解了促销谜题。此成果是应用数学知识解决实际购物问题的一个有力佐证！

成果 28

积木搭桥模型

郭飘杨

 **问题背景**

碧澜桥、虹桥、玉带桥、十七孔桥……在颐和园中漫步，突然记起，茅以升在《中国石拱桥》中赞道："赵州桥非常雄伟，全长50.82米，两端宽9.6米，中部略窄，宽9米。"拱桥真是个让人着迷的建筑。我和弟弟都痴迷于用积木搭桥，把桥搭高、搭长是我们共同的目标。

 **提出问题**

如何将积木桥搭得更高、更长？

分析问题

1. 寻根溯源

如果要探究如何将积木桥搭高、搭长，首先应该先弄清它们不倒的原因。翻看科普杂志，从力学角度分析，这个原因往往被解释为，桥各部分受的压力和外推力相互挤压，形成了力的平衡，这种平衡状态让拱桥不倒。

这个道理曾经让我觉得如获至宝。今天却发现，它并不能完全地解决自己的疑问。我决定，先把它转化成积木搭高后为什么会倒塌这种更直观的问题去解决。

2. 转化实验

将积木一块一块地向上垒，小心地竖直垒下去，很快就会发现，当积木搭到

一定的高度时，总会倒塌，如图28-1所示。倒塌的原因可以很清晰地从图28-1中看出来：左侧的积木较低，右侧积木较高，从侧面观察，随着积木的增高，积木塔侧面出现了偏移，与地面的倾斜的角度逐渐增大。当倾斜的角度超出极限，积木就会倒塌。所以积木塔倒塌的根本原因，在于其搭建过程与地面产生倾斜。

倾斜产生的原因是什么？是搭建时人为的误差，或是其他？为了更准确地找到原因，我决定用乐高积木代替普通木制积木，避免人为摆放不稳带来的影响因素。

图　28-1

替换成乐高积木后，积木塔的倒塌现象仍旧不可避免地发生，但却很容易看出，倒塌和重心有关。因为随着积木越搭越高，积木整体质量不断增加，积木的重心在不断升高，这个过程中，基座面积相对于整体的面积不断缩小，受上方总质量的影响，重心不断偏移，当偏移超出极限时，乐高塔就倒塌了。

有倾斜必然会倒塌吗？意大利著名的比萨斜塔似乎经历了漫长的岁月而并未倒塌。经查阅资料，我发现从物理学的角度理解：把一个平底的物体放在水平面上，只要它的重心不落在它的水平面之外就不会倒。这个发现让我更加确信，倒塌原因是因为积木重心偏移超出了某个范围。

建立模型

有了上面的推断，我们再回到拱桥如何能搭得更高、更长的问题上。

把拱桥看作在河左右两侧依次前伸，并在中间相交的两条斜塔。推测出拱桥的极限长度和高度是和重心相关的一组不等式。拱桥的基座长度、宽度、高度、倾斜角度都是重要的影响因素。为了简化模型，我们需要先做出一些假设，将问题简化。假设用于搭桥的积木除颜色外都是一样的，每块积木的倾斜角度都是一样的，积木之间的摩擦忽略不计。在此基础上，我在搭建拱桥积木时，就可以通过使用底层积木的长、宽、高，计算出拱桥积木的极限长度和高度。

计算要素及公式：如图28-2a所示，设每块积木长为 l，高为 h，宽为 d，$0<h<d<l$，把积木放平、放齐，每增加一块积木都比下方那一块多伸出长为 a 的

一段，如图28-2b所示。则n块积木可以伸出的长度为（n−1）a，如图28-3所示。

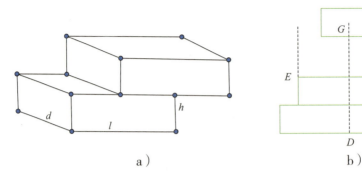

图　28-2

图　28-3

那（n−1）a应该多长呢？当摆放积木时，积木总会受到两个力，一个向上的支持力和一个垂直地面的重力。当二力处于平衡的状态，搭在上方的积木才会稳定。因为力的大小同质量和力臂的长短有关，可以推断上方积木的重心不能落在下方积木之外。因此，为了使（n−1）块积木的重心不落在最下面那块积木之外，必须保障$DC \geq BC$，如图28-2b所示。

$$DC = \frac{1}{2}EF = \frac{1}{2}[l + (n-2)a], \quad BC = (n-1)a$$

故 $\frac{1}{2}[l + (n-2)a] \geq (n-1) \times a$。

得出$na \leq l$。

因此可得：$(n-1)a \leq \frac{n-1}{n} \cdot l$。

可见在积木大小固定的情况下，左右两边桥拱能延伸出的长度最多为 $2 \times \dfrac{n-1}{n} \cdot l$，而高度可以通过缩小和增加 a 的数值进行控制。

模型结论

在我的假设条件下，我得到如下结论：在单拱的情况下，我们不能任意无限加长拱桥的长度；我们可以通过调整上块积木伸出的长度，调整桥的高度；拱桥不倒需要符合数学不等式：$\dfrac{1}{2}\left[l+(n-2)a\right] \geq (n-1)a$；积木长度决定搭建桥的长度。

模型收获

不等式也是重要的数学工具，可以用来解决生活中的问题。

教师点评

桥为什么可以不倒呢？这里面蕴含着什么原理呢？提出这样的问题本身就是创新思维。运用物理分析固然可以，但用积木设计模拟实验来观察，用数学建模来计算，蕴含着工程思维、计算思维和模型意识。这样的探究思路非常值得学习。如果能将自己的模型和现实中桥的搭建原理进行对比分析，进一步来验证自己模型的实用性就更好了。

类型五

函数模型

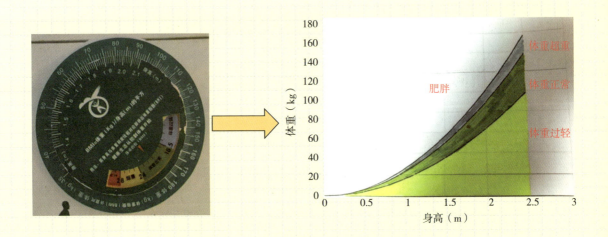

成果 29　杭州亚运会中的抛物线

林益萱

 问题背景

2023年9月23日晚，杭州亚运会在杭州市奥体中心主体育场开幕。在观看亚运会比赛的过程中，我也经常思考亚运会中的数学问题，比如足球运动的轨迹。

提出问题

如果将足球看作一个质点，那么足球运动的轨迹可以近似视为直线，也可以近似视为抛物线。如果是抛物线，足球的运动轨迹该如何求呢？

分析问题

要求足球的运动轨迹，直线时只需要知道发球点和进球点的位置就可以求出它的轨迹方程，抛物线时则需要三个信息才能确定它的轨迹方程。

建立模型

例如：假设足球场上的守门员踢出一高球，球从距地面1m高的A处飞出，运动员乙在距发球处6m的B处发现球在自己的正上方达到最高点M，距地面约

4m高，球落地后又一次弹起。据实验，足球在草坪上弹起后的抛物线与原来的抛物线的形状相同，最大高度减少到原来最大高度的一半。求该足球的运动轨迹。

解：首先，为了方便表述，我们需要先建立坐标系。假设A点在发球点的正上方。以守门员发球点为原点，以OA所在直线为y轴建立坐标系，如图29-1所示。

根据条件分析，足球的运动轨迹是两条抛物线。我们先求足球开始飞出到第一次落地时，第一条抛物线的函数表达式。

如图29-1所示，设第一次落地时，抛物线的表达式为$y=a(x-6)^2+4$。

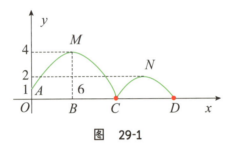

图 29-1

模型求解

因为当$x=0$时，$y=1$，即$1=36a+4$，可得$a=-\dfrac{1}{12}$，所以抛物线的表达式为$y=-\dfrac{1}{12}(x-6)^2+4$。此时足球第一次落地点$C$距守门员多少米？（取$4\sqrt{3}=7$）

根据分析，$0=-\dfrac{1}{12}(x-6)^2+4$，可求解$x_1=4\sqrt{3}+6\approx13$，$x_2=-4\sqrt{3}+6<0$（舍去），所以足球第一次落地点$C$距守门员13m。

此时足球在草地上被弹起，弹起后的抛物线与原来的抛物线的形状相同，最大高度减少到原来最大高度的一半。因此可设抛物线方程为$y=-\dfrac{1}{12}(x-k)^2+2$，弹起所在点（13，0）代入方程可得$0=-\dfrac{1}{12}(13-k)^2+2$，从而求得$k_1=13+2\sqrt{6}\approx18$，$k_2=13-2\sqrt{6}<13$（舍去），从而求得被弹起后的足球轨迹方程是

$y = -\dfrac{1}{12}(x-18)^2 + 2$。如果足球运动员要抢到足球第二次落地点D，他应从第一次落地点C再向前跑10m。

模型结论

足球第一次落地点C距守门员13m。如果足球运动员要抢到足球第二次落地点D，他应从第一次落地点C再向前跑10m。

模型拓展

完成这次探究活动，我对抛物线的印象更加深刻了，也更加好奇抛物线的奥秘了，在观看亚运会的过程中也更加留意与抛物线相关的比赛项目与知识。

在跳水项目中，我总会觉得运动员即将失误，但他们所形成的抛物线却恰好使身体灵活地钻进了水中，这其中又有什么秘密呢？

例如： 某跳水运动员进行10m跳台跳水比赛时，身体（看成一点）在空中的运动路线是如图29-2所示坐标系中经过原点O的一条抛物线。

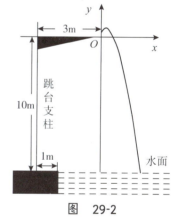

图 29-2

在跳某个规定动作时，正常情况下，该运动员在空中的最高处距水面距离为$10\dfrac{2}{3}$m，入水处距池边的距离为4m，运动员在距水面高度5m之前，必须完成规定的翻腾动作，并调整好入水姿势，否则就会出现失误。那么跳水运动员的运动轨迹方程是什么？

我以运动员的起跳点为原点，以垂直于跳台的直线为y轴，建立直角坐标系，则跳水运动员的运动轨迹就是一条抛物线。

接下来我假设起跳点为O（0,0），入水点B（2,-10），那么最高点A的纵点标为$\dfrac{2}{3}$。如果设抛物线解析式为$y=ax^2+bx+c$，可得：

$$\begin{cases} c = 0 \\ \dfrac{4ac - b^2}{4a} = \dfrac{2}{3} \\ 4a + 2b + c = -10 \end{cases}$$

从而解得 $a = -\dfrac{25}{6}$，$b = \dfrac{10}{3}$，$c = 0$ 或 $a = -\dfrac{3}{2}$，$b = -2$，$c = 0$。由于抛物线对称轴在 y 轴右侧，所以 $-\dfrac{b}{2a} > 0$，又因为抛物线开口向下，所以可舍去 $a = -\dfrac{3}{2}$，$b = -2$，$c = 0$。

从而求得运动员的运动轨迹方程为：$y = -\dfrac{25}{6}x^2 + \dfrac{10}{3}x$。

如果在某轮跳水中，测得运动员在空中的运动路线是上述抛物线，且运动员在空中调整好入水姿势时，距池边的水平距离为 $3\dfrac{3}{5}$ m，问此轮跳水会不会失误？

因为我已经计算出了抛物线的解析式，所以要判断此轮跳水会不会失误，就是要看该运动员是否能在限定的时间内完成规定翻腾动作、调整好入水姿势。所以，我们只需要把 $x = 3\dfrac{3}{5} - 2 = 1\dfrac{3}{5}$ 代入所求的抛物线解析式，并将 $10 - |y|$ 与 5 做比较就可以了。

当运动员在空中距池边的水平距离为 $3\dfrac{3}{5}$ m时，即 $x = 3\dfrac{3}{5} - 2 = 1\dfrac{3}{5} = \dfrac{8}{5}$，$y = (-\dfrac{25}{6}) \times (\dfrac{8}{5})^2 + \dfrac{10}{3} \times \dfrac{8}{5} = -\dfrac{16}{3}$，可得此时运动员距水面的高为 $10 - \dfrac{16}{3} = \dfrac{14}{3} < 5$，因此此轮跳水会失误。

同样，在铅球项目中，铅球的运动轨迹看似也是抛物线，那我们如何根据运动轨迹预测球的落地点呢？

假设图29-3是一个运动员投掷铅球的抛物线图，抛物线解析式为 $y = -\dfrac{1}{12}x^2 + \dfrac{2}{3}x + \dfrac{5}{3}$（单位：m），其中 A 点为出手点，C 点为铅球运行中的最高点，B 点为铅球落地点。

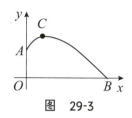

图 29-3

我们若要求该运动员的投掷成绩是多少米，只需要令$y=0$，便可求得$x_1=10$，$x_1=-2$（舍去），所以该运动员投掷铅球的成绩是10m。

模型收获

通过对以上三个轨迹方程的学习，我对抛物线的解析式有了更深的理解，也对函数问题转化为方程问题来解决有了更深的体会。我将抛物线的解析式的基本求法归纳如下：

首先，建立合适的坐标系。

其次，如果知道抛物线过三个点(x_1,y_1)，(x_2,y_2)，(x_3,y_3)，可设抛物线方程为$y=ax^2+bx+c$，代入三个点的坐标可得一个三元二次方程组，解得a，b，c的值即得解析式。如果知道抛物线与x轴的两个交点$(x_1,0)$，$(x_2,0)$，并知道抛物线过某一个点(m,n)，可设抛物线的方程为$y=a(x-x_1)(x-x_2)$，然后将点(m,n)代入去求得二次项系数a。如果知道对称轴$x=k$或最值$y=b$，可设抛物线方程为$y=a(x-k)^2+b$，再结合其他条件确定a，b的值。

没想到精彩纷呈的亚运会比赛里还蕴藏了那么多数学知识，真让人大开眼界！

教师点评

本成果是益萱同学用数学的眼光看体育，发现优美的曲线都和抛物线有关，进而对亚运会中的足球、跳水、铅球等项目的运动轨迹——抛物线做了一个总结分析，归纳意识很强，学习方法很好。只是本成果的模型相对简单，都是仅求出抛物线表达式，如果聚焦到某一种运动，分析其运动轨迹对成绩的影响，进一步体会数学与体育的联系会更好。

成果30　　　　　如何投篮才能投中呢

杨文骁

问题背景

春天的校园里一片生机勃勃，各种运动赛事，如篮球比赛、足球比赛等都在如火如荼地进行。

最吸引我的是篮球比赛，只见球员双脚轻跳，手腕用力，篮球随之在空中划出一条美丽的弧线，正中篮心！可我投篮却是屡屡不中，这是什么原因呢？

提出问题

如何投篮才能命中篮心呢？

分析问题

分析影响投篮的因素：身高、臂长、起跳高度，抛篮的角度和力量，空气阻力，篮球的质量，篮筐的高度，离篮网的水平距离，等等。

为了简化模型，我先提出一些假设：假设在无风环境中，不考虑空气阻力、篮球的质量和运动员的力量因素；假设一位运动员在距篮筐4m处跳起投篮，篮球的运动轨迹是抛物线。当篮球运行到与运动员的水平距离为2.5m时，达到最高高度3.5m，然后准确落入篮心。已知篮筐中心到地面距离为3.05m。

建立模型

观察篮球的运动轨迹，会发现它呈现为一条曲线，一般视为抛物线。在数学中，抛物线是指平面内到一个定点和一条定直线距离相等的点的轨迹。其中定点叫作抛物线的焦点，定直线叫作抛物线的准线。抛物线有多种表示方法，包括参数表示、标准方程形式等，也可以看成是一个二次函数的图象。

抛物线的标准方程，一般有4种形式，分别对应4种不同的开口方向：向上、向下、向左、向右。生活中用到比较多的是开口向下的抛物线，如投篮时篮球运动的轨迹。

例如： 如图30-1所示，已知点F与直线l之间的距离是p，求到定点F和定直线l距离相等的点的集合。建立适合的坐标系，则该问题可以转化为以下数学问题：

设Q为所求点，坐标为(x,y)。

根据抛物线的定义可得：$|QF|^2 = |QM|^2$。

由勾股定理得：

$$\begin{cases} |QF|^2 = x^2 + \left(-y - \dfrac{p}{2}\right)^2 \\ |QM|^2 = \left(-y + \dfrac{p}{2}\right)^2 \end{cases}$$

$\therefore \quad x^2 + \left(-y - \dfrac{p}{2}\right)^2 = \left(-y + \dfrac{p}{2}\right)^2$

化简得，$x^2 = -2py$。

$\therefore$ 开口向下的抛物线标准方程可以写成：$x^2 = ay$，$a = -2p$。

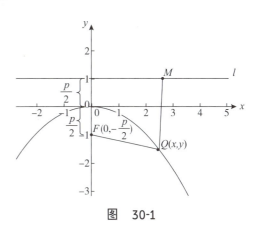

图 30-1

模型求解

有了以上抛物线的标准方程，接下来看看实际投篮中的抛物线模型。

例如： 本探究的"分析问题"中所述。

（1）求抛物线的解析式。

（2）该运动员身高1.8m，在这次跳投中，篮球出手时，他跳离地面的高度是0.2m，篮球在头顶上方0.25m处出手，问：这名运动员能投中吗？

（1）若篮筐中心点为Q，则如图30-2所示。

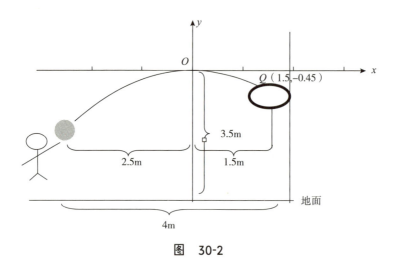

图 30-2

设抛物线方程为$x^2=ay$，则Q点一定在抛物线上，代入Q点坐标可得：

$$1.5 \times 1.5 = -0.45a$$

解得：$a=-5$。

所以抛物线方程为$x^2=-5y$。

（2）如图30-3所示，篮球的位置坐标$P(-2.5,-1.25)$，篮球能否投中，关键看P点是否在抛物线上。

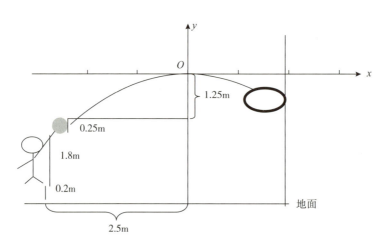

图 30-3

将$P(-2.5, -1.25)$代入抛物线方程，可得：

$x^2 = (-2.5)^2 = 6.25$

$-5y = -5 \times (-1.25) = 6.25$

$\therefore x^2 = -5y$

$\therefore$点P在抛物线上，即可以投中。

模型结论

为了命中篮心，投篮时篮球的运动轨迹需要遵循特定的数学方程。但这都是理想情况下的计算。而且如何在投篮瞬间找到这些理想数据，也不那么容易。但是经过训练和调整，我相信我能提高我的投篮命中率。

模型收获

以上是投篮运动中蕴含的抛物线模型探究示例。实际上，生活之中处处是学问，只要留心观察，就会发现日常生活中其实充满了各种各样的数学模型！

教师点评

数学不仅来源于生活，也服务于生活。本成果中，文骁同学从自己面对的问题出发，分析了原地投篮和跳起投篮两种情况，并自主学习二次函数知识，成功建立了相应的数学模型并进行求解。文骁同学的模型意识和计算能力都很扎实。如果他能借用编程将模型数据扩展，分析不同位置的投篮情况，以找到最佳投球位置，并据此进行针对性练习，那么，就能更好地指导自己的投篮了。

成果 31　　　　　饮料市场中的数学

林益萱

问题背景

过年了，我和爸爸、妈妈一起去超市买年货。超市里熙熙攘攘，饮料区更是人头攒动，大家都在挑选节日所需的酒水饮料。在超市里，同一种饮料往往会分成好几种规格，观察后，我发现了一个普遍现象：叔叔阿姨们一般更喜欢选择小瓶独立包装的饮料；小孩子们为了能喝到更多的饮料，往往不考虑价格，直接拿大瓶的饮料；而爷爷奶奶们则经常在大瓶和小瓶的选择上比较纠结，他们通过不断地计算、衡量性价比决定到底该买哪一种饮料。

同样配方的饮料，只是因为包装瓶容积的大小不同就会出现不同的价格，并且定价与容量之间并不成正比例关系。难道这仅仅是品牌的营销策略吗？

同一品牌的三种不同规格的饮料情况，如图31-1所示。

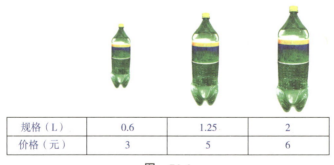

规格（L）	0.6	1.25	2
价格（元）	3	5	6

图　31-1

提出问题

哪种包装方式能带来更高的利润呢？

⏰ 分析问题

对此，我查阅了相关资料，尝试着了解这里面的学问。

资料显示，这种饮料的成本计算比较复杂，原因在于饮料生产商一般只负责饮料的生产，而包装瓶则往往由第三方生产。因此，出厂时的价格可以简化为"饮料的成本+饮料的利润"和"包装瓶成本"的总和。这意味着，只有当"饮料的利润"高于"包装瓶成本"时，才能赢利。

而且，不论大瓶、中瓶还是小瓶，相同体积的饮料本身的生产成本都是相同的，差异仅在于分装到不同的瓶子中。在饮料生产商与包装瓶生产商核算成本时，通常会将包装瓶简化为具有相同直径的圆柱形瓶体。

📋 建立模型

例如： 每出售1mL的饮料，饮料生产商可获利0.2分，包装瓶的生产成本则是$0.8\pi r^2$分，其中r是包装瓶的半径（单位：cm），据称，包装瓶生产商能生产瓶子的最大半径为6cm。

简化后，我得到这样的成本计算公式：

饮料的生产利润−圆柱形包装瓶成本>0，这样计算出厂价才有盈利。

这是一个函数问题，尽管我还没有学过，但我发现，饮料的生产成本都与包装瓶的半径r有关，并推导出了以下公式：

$$y = f(r) = 0.2 \times \frac{4\pi r^3}{3} - 0.8\pi r^2 \quad (\text{每毫升饮料的利润×饮料体积−包装瓶生产成本})$$
$$= 0.8\pi \left(\frac{r^3}{3} - r^2 \right)$$

✍ 模型求解

知道了公式后，我便可以建立一个"饮料利润与包装瓶半径之间关系"的坐标系了，设y轴为饮料的总利润，x轴为包装瓶的半径。我枚举了包装瓶半径r的值分别为0.5cm、1cm、1.5cm、2cm、2.5cm、3cm、3.5cm、4cm、4.5cm、

5cm、5.5cm、6cm，并代入函数，得到对应的坐标表示的点，然后连成曲线，得到如图31-2所示的成本与半径的函数图（成本曲线）。

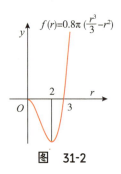

$$f(r)=0.8\pi\left(\frac{r^3}{3}-r^2\right)$$

图　31-2

从图31-2中，我们可以看出：

当$0<r<2$时，随着r增大y减小，说明包装瓶半径不超过2cm时，半径越大，亏损越严重；

当$0<r<3$时，利润y为负值；

当$2<r<3$时，随着r增大y增大，亏损减小；

当$r=3$时，$y=f(3)=0$，也就是当包装瓶的半径为3cm时，饮料的利润与包装瓶的成本恰好相等；

当$r>3$时，利润y才为正值，并随着包装瓶半径的增大利润也相应增大。

模型拓展

得到这个结论后，我测量了330mL的矮听可乐瓶的直径为6cm，半径为3cm；330mL的高听可乐瓶直径为4cm，半径为2cm。高听可乐价格比矮听可乐价格高一点，这是因为饮料在出厂时提高了出厂价，以弥补由于包装成本增加导致的利润减少的问题。而当出厂价最终反映到市场价格时，自然也提高了一些。

模型结论

从函数图上看，包装瓶半径超过3cm以后，包装瓶直径越大，饮料生产商的利润越高，但是为了抢占市场，出厂价就会相应降低，这样才能让利于销售商。而销售商为了周转资金，往往会在大瓶饮料销售时打折促销，从而吸引那些追求性价比的顾客购买。而小瓶饮料，因为出厂成本高，一般不会降价销售，只能满足那些追求消费体验感的顾客。

模型收获

通过这次探究活动，我初步接触了函数，了解了更多数学中的奥秘，也让我对后续的数学学习更有兴趣了。这次我从饮料中探索出的数学问题，解决了一些生活中"选择"方面的问题，也让我逐渐懂得了市场上很多商品的成本问题等，收获很大，也很有成就感。

教师点评

市场上琳琅满目的饮料吸引着小孩子们的注意，其包装更是花样繁多。即使同一种饮料也有大小瓶之分，这其中蕴含着什么道理呢？益萱同学从数学角度进行计算分析，通过假设建立数学函数模型，对一个不知道如何求解的函数，通过描点画图的图象分析法来分析饮料包装瓶大小设计的秘密，更深入地了解了成本问题。若益萱同学自己尝试设计一款饮料包装瓶，说不定能进一步发现包装材料选择的秘密。

成果32　针对核酸检测混检原理的探究

张轩逸

问题背景

在核酸检测中，我发现采样人员一般是将10个人的咽拭子放入同一个采样管中。但我也在新闻中看到有些地方用的是5人一管，还有些地方是单人单管。为什么会有这么多种采样方式？这些方式有没有各自的适用条件？不同的分组人数如何确定？

 **提出问题**

经过资料查询，我了解到核酸检测主要有三个环节：采样、运输和检测。运输环节比较简单，我们暂且忽略。而在采样与检测两个环节之中，采样的技术含量不高，采样人员的数量也相对充足，但检测环节却需要专业的检测设备和技术人员。北京市卫生健康委员会负责人在2022年1月18日发布的新闻中称：全市检测机构共有286家，日检测能力达168万单样本。这个检测能力与当时北京市待检人数相比明显不足，如果全部采取单人单管的方式采样后再进行检测，一轮筛查下来就需要10多天的时间。但在使用了10人混检之后，初筛检测量直接减少了90%，完全可以满足两天甚至是一天一检测的需求。

可是按照这种思路，我认为混检分组的每组人数应该越多越好啊，为什么只是10人，而不是50人，甚至100人呢？为了验证我的假设，我决定将这个问题转换为数学模型来进行分析和验证。

分析问题

查阅有关资料可知，一轮核酸检测的总检测量=初筛检测量+单采复核的检测量。而初筛的检测量=待检人数÷每组人数，复核的检测量=待检人数×感染率×每组人数（最极端情况：初筛阳性的每一组内都只有一个感染者）。这也就意味着，混检的总检测量与待检人数、每组人数和感染率这三个因素有关。

建立模型

如果设待检人数为p，每组人数为g，感染率为r，则可以得到总检测量T在极端情况下的最大值的计算公式：$T_{max} = \dfrac{p}{g} + prg$。

这样就将这个看起来有点复杂的分组问题转化成了一个直观的数学模型。

模型求解

接下来，我根据上面得出的公式，以北京市当时的实际情况为例来进行进一步的计算和验证。

相关的新闻报道和资料显示：截至2022年5月2日，北京市有确诊新型冠状病毒病例在300人左右。而2022年5月4日的报道显示，北京全市范围筛查的总检测人数约为2000万，由此可以估算出北京市的感染率r约为0.0015%。接下来，我将分组人数p的取值从1开始不断增加，分别计算每一种分组情况下的总检测量和检测量的下降幅度。

通过计算结果，我发现在初始阶段随着分组人数的提升，确实能够大幅度减少检测量，但在分组人数超过40人以后，检测量减少的就不是很明显了，到分组人数为280人时，检测量反而还出现了小幅度的增加，计算结果详见表32-1、见图32-2。

表 32-1

分组人数	确诊率	初检量	复核量	总检测量	检测量下降幅度
1	0.0015%	20000000	0	20000000	0.00%
5	0.0015%	4000000	1500	4001500	79.99%
10	0.0015%	2000000	3000	2003000	89.99%
20	0.0015%	1000000	6000	1006000	94.97%
30	0.0015%	666667	9000	675667	96.62%
40	0.0015%	500000	12000	512000	97.44%
60	0.0015%	333333	18000	351333	98.24%
80	0.0015%	250000	24000	274000	98.63%
100	0.0015%	200000	30000	230000	98.85%
120	0.0015%	166667	36000	202667	98.99%
140	0.0015%	142857	42000	184857	99.08%
160	0.0015%	125000	48000	173000	99.14%
180	0.0015%	111111	54000	165111	99.17%
200	0.0015%	100000	60000	160000	99.20%

（续）

分组人数	确诊率	初检量	复核量	总检测量	检测量下降幅度
220	0.0015%	90909	66000	156909	99.22%
240	0.0015%	83333	72000	155333	99.22%
260	0.0015%	76923	78000	154923	99.23%
280	0.0015%	71429	84000	155429	99.22%

　　从计算结果和图32-1中发现，我最初做出的假设并不是完全正确的，分组人数并不是越多越好，当它超过某个数时，检测量反而还会增加。从数据来看，按照北京市当时的情况，理论上选择分组人数为260人时的检测量是最少的。那么，为什么在实际中我们没有采用100人或200人的分组混检呢？是不是还有什么其他因素在影响着分组人数的确定？

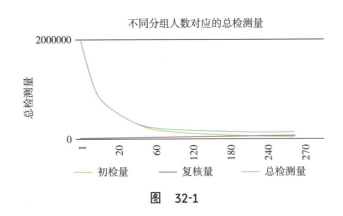

图　32-1

模型分析

　　带着新的疑问，我再次查阅了资料。我发现在国家卫健委发布的《全员新型冠状病毒核酸检测组织实施指南》（第二版）和《新冠病毒核酸10合1混采检测技术规范》以及《新冠病毒核酸20合1混采检测技术规范》中有关病毒保存液部分的描述引起了我的注意。由于之前我误认为采样环节没有技术含量，因此一度忽视了这个环节。但现在我怀疑采样环节也有可能存在制约分组人数选择的因素。核酸采样步骤如图32-2所示。

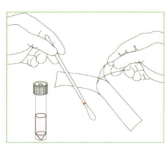
①揭开单支植绒拭子单支包装。

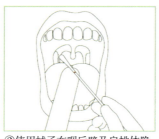
②使用拭子在咽后壁及扁桃体隐窝、侧壁等处反复擦拭3~5次。

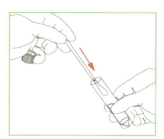
③将采样后的拭子头放置采样管处。

④沿折断点处折断拭子杆。

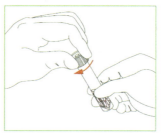
⑤其余9次采样重复上述步骤，拭子头分两层层叠并完全浸入病毒保存液中。在采样管内集齐10支拭子样本后，拧紧管帽，轻摇数次，完成采样。

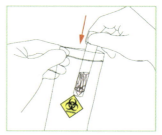
⑥立即将采样管置于生物安全袋内，密封转运，送检。

图　32-2

　　国家卫健委发布的相关规定显示，采样管中的病毒保存液内含有能够抑制病毒活性的成分，目的是让标本在运输过程中不滋生新的病毒。而从图32-2中的第5步我们可以看到，采样管中10人混检的咽拭子头在折断后会堆叠为两层，并且需要全部浸入在病毒保存液中。这就意味着在分组人数增多后，就会有更多的咽拭子头堆叠在采样管中，此时就需要更多的病毒保存液以保证能够没过全部的咽拭子头。果然，国家卫健委在几次发布的规范中对不同分组人数下病毒保存液的体积也都做出了明确规定：单检与5人混检的试剂量均为3mL，10人混检的试剂量为6mL，20人混检的试剂量为11~12mL。

　　此外，我还在资料中看到，在进行核酸检测时，每批检测至少要有1份弱阳性质控品，同时建议选择检测限低、灵敏度高的检测试剂盒。通过进一步的了解，我得知：所谓弱阳性，就是指当一份待检溶液的病毒浓度为1000拷贝/mL左右时，这样的样本就被称作弱阳性样本。而所谓灵敏度和检测限，则指的是检测试剂所能检出的待检样本的最低病毒浓度。低于此浓度的待检样本就意味着已经超出了检测试剂的灵敏度范围了，这种情况下很可能会导致假阴性结果的产生。同时我还注意到：1000拷贝/mL的弱阳性指标指的是弱阳性患者在单人单检情况下，采样后得到的待检样品的病毒浓度。如果该分组中仅有一个弱阳性患者，其余人均为阴性，则该份样本溶液中病毒的总拷贝量不变，这时如果病毒保存液的体积伴随着分组人数同步增加，根据浓度知识可以知道：如果溶质不变，溶剂增加，那么最终得到的待检溶液就会被稀释，其中的病毒浓度就会被降低。

二次建模

根据上述发现，我又提出了一个新的问题：在上述的检测灵敏度下，保证最极端的情况（一管中只有一个弱阳性，其余都是阴性）也能够被正确检出的最大分组人数是多少？

通过分析国家卫健委对不同分组人数下病毒保存液体积的规定，我发现了一条规律：从5人混检开始，分组人数每增加5人，病毒保存液就需要随之增加3mL。按照这个规律，我们可以从中提炼出一个在最极端情况下求待检溶液中病毒浓度的公式。如果我们设病毒保存液浓度为c，分组人数为p，则该公式可以表示为：

$$c = 1000 \div \frac{p}{5} \quad (p \geqslant 5)$$

根据上述公式可知：

当p取值为10时，浓度c=500拷贝/mL；

当p取值为20时，浓度c=250拷贝/mL；

当p取值为30时，浓度$c \approx 167$拷贝/mL；

当p取值为40时，浓度c=125拷贝/mL。

通过查阅资料，我发现：当时市面上有部分质量较高的检测试剂灵敏度可以达到100拷贝/mL，但大多数的试剂灵敏度还在200拷贝/mL左右。结合上面的计算结果就可以看出，当分组人数为30人时，病毒浓度就已经低于当前常见试剂的最低检测限。

由此可知，在满足当前试剂灵敏度的前提下，20混1的模式能够最大程度地减少检测量。

模型结论

虽然理论上是20混1能够最大程度地减少检测量，但同时我也注意到，国家卫健委发布的《新冠病毒核酸20合1混采检测技术规范》是在2022年1月份发布的，当时20混1的病毒采样管产量还相对较少，市面上还是以10混1的采样管为主。

综上所述，我得出如下结论：不同的混检模式有各自的适用条件，需要根据感染率的不同进行选择；北京市在大规模核酸筛查中采用的10混1模式，虽然不能最大程度减少检测工作量，但却是当时最合理的选择；如果20混1的采样管可以大批量供应，那就很有可能取代10混1成为应用最广泛的核酸筛查模式；如果将来检测试剂的灵敏度普遍都能够达到100拷贝/mL，那我们就很可能会看到40混1的核酸采样模式。

模型收获

这次的探究不但让我对核酸检测的相关知识有了更深入的了解，也解答了我心中一直以来的疑惑。同时还让我明白了数学知识不只是空洞的理论，就像核酸分组检测方法一样，通过简单的数学原理就可以大大地缩短检测周期，提高检测效率，还节省了大量的检测费用。

教师点评

本成果中，轩逸同学从生活中发现问题，分析建立数学模型，和实际对比发现有出入，查阅资料再次分析和建模，并对二次建模再次验证，符合数学建模的一般过程和步骤。同时这也是一个跨学科建模的范例，需要查阅很多资料，提取有效信息，分析建模，并运用列表、图象进行求解分析，形象直观，简单易懂。这一过程使我们对政府决策中的数据有了更清晰的认识。

成果 33　　**关于人体健康模型的探究**

谭越兮

问题背景

我家附近有个永建公园，在这个公园的门口，新增了一个如图33-1所示的绿色的大转盘，在好奇心的驱使下，我走上前去，仔细阅读了转盘下方的注释：对齐转盘上方的身高数据与转盘底下的体重数据，在开口处便能显示出这组身高和体重的BMI（Body Mass Index，简称体质指数，是国际上常用的衡量人体胖瘦程度以及是否健康的一个标准），可以判断体验者是体重过轻、体重正常、体重超重还是肥胖。

图　33-1

提出问题

我很好奇，这个转盘是怎么做出来的呢？我能不能也制作一个来为同学们测量他们的BMI指数呢？

分析问题

经过资料查询，我知道了BMI值的计算公式是：

BMI = 体重 ÷ 身高^2（体重单位为kg，身高单位为m）

图33-1中BMI转盘采用的是18岁以上的成年人标准，我想制作的BMI测量工具是为我的同学们测量BMI值。通过网上查询，我找到了一个13岁青少年的BMI标准：

当BMI<15.7时，体重过轻；当15.7 ≤ BMI<22时，体重正常；当22 ≤ BMI < 25时，体重超重；当BMI ≥ 25时，肥胖。

建立模型

现在，可以开始建模了。这个函数中出现了3个未知数，要用到空间直角坐标系，而空间直角坐标系对数据的呈现不够直接，还很复杂，怎么办呢？

经过思考，我想到了一个好方法。因为最后是要看BMI数值的区间，那么我就可以把BMI的3个临界点15.7、22、25当作常量，生成3个二次函数，并在同一个平面直角坐标系上做出这3个二次函数的图象。这3个抛物线会将平面直角坐标系的第一象限分成4个区域，当需要判断一组身高和体重的BMI值是否正常时，只需要在这个平面直角坐标系中找到对应的点，观察它位于哪个区域，就能迅速判断这组数据对应的个体是体重过轻、体重正常、体重超重还是肥胖了。

模型求解

设定用y代表体重（单位：kg），用x代表身高（单位：m）。

先用Excel绘制了当BMI=15.7时的函数图象，如图33-2所示。

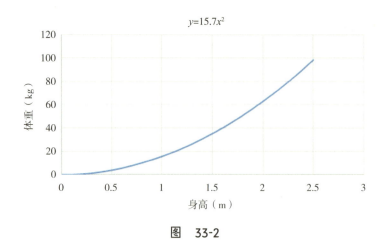

图　33-2

当BMI=22时的函数图象，如图33-3所示。

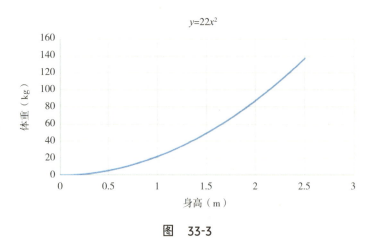

图　33-3

当BMI=25时的函数图象，如图33-4所示。

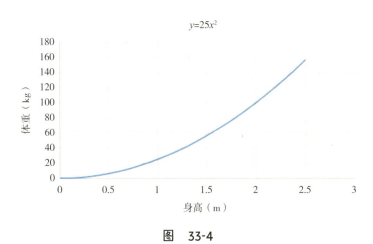

图　33-4

然后我把这3个函数图象在Excel中重叠在一起，就得到了3条抛物线划分成4个区间的函数图象，如图33-5所示。

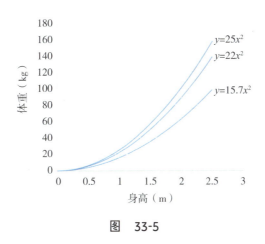

图　33-5

现在需要把图33-5中的信息转换到一个转盘上。这时，我才发现这件事情并不简单。因为这些都是二次函数，所以每个数据之间的距离就有可能不相等，这大大增加了计算的难度。这怎么办呢？看着我绘制的图33-5，我突然有了灵感。我不一定非要做到与那个公园转盘形态、功能一模一样，只需要做一个能迅速判断一组身高、体重数据是属于体重过轻、体重正常、体重超重还是肥胖区间的工具就可以了。在我最终绘制好的函数图里，只要找到身高与体重数值对应的那个点，就能直观地判断这个点落在4个区域（体重过轻、体重正常、体重超重、肥胖）中的哪个区域内了。

如果我把这些二次函数打印到一块硬纸板上，横轴表示身高数值，纵轴表示体重数值，准备一根刻着体重数值的、可平行于纵轴左右移动的透明塑料条，把这根塑料条移动到与自己身高一致的位置，然后在对应自己体重的刻度处判断自己的BMI是属于体重过轻、体重正常、体重超重还是肥胖了。

模型结论

如图33-6所示，这是我用一张A4纸打印的简易BMI测量工具，可供同学们初步使用。纸上有4个区域，黄色区域代表BMI值小于15.7的体重过轻区域，绿色区域代表BMI值在15.7～22之间的体重正常区域，灰色区域代表BMI值在22～25之间的体重超重区域，而没有涂色的区域代表BMI值超过25的肥胖区域（注：身高超过2.5m没有参考价值，没有绘制函数图象）。

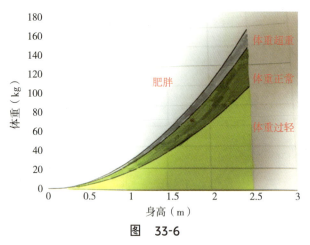

图　33-6

如图33-7所示，使用两把透明直尺做辅助，一把固定在横轴，另一把平行于纵轴移动，可迅速定位某位同学身高与体重数值对应的那个点。通过观察该点所在区域的颜色，就能快速判断该同学胖瘦程度。

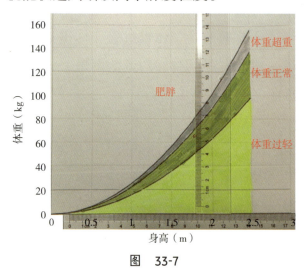

图　33-7

模型收获

这个简易的BMI测量工具虽然初步实现了基本功能，但仍有很大的提升空间。如果将它打印在硬纸板或塑料板上，它会更耐用一些；它是为了方便13岁左右的同学们测量BMI值服务的，应该符合同学们的身高特征，如果能突出身高1.3~2m区间，并在横轴上提供更精细的刻度标识，就能方便同学们在横轴上找到与自己身高取值对应的位置；如果将透明直尺替换成能自由移动的透明塑料条，使用起来就更方便了。下一步我会利用手边的工具，思考如何更好地完善它，使它更方便好用。

通过这次探究，我进一步学习了二次函数相关的知识，并学会了用Excel绘制二次函数图象的方法，同时，也了解了有关体质指数BMI的相关知识，这培养了我精益求精的精神，使我受益匪浅。

教师点评

越分同学善于发现身边的数学模型，在逛公园时，她看到公园入口处的BMI转盘模型，于是对这个数学模型根据13岁青少年的标准进行了复原重建，并在此基础上进行了创新，利用数学模型开发了便携版的体质健康测量工具，方便同学们使用。此外，她还对这一自创工具提出了修改建议。逐步完善之后，越分同学可以尝试以此来申请专利，成为小小发明家。

成果34   关于鱼缸里鱼的光学小探究

虞悠然   尹一妙   杨季兴

问题背景

我们家有一个小鱼缸，里面养了几条小鱼和水草，如图34-1所示，我经常静静地观察它们。

图 34-1

 提出问题

一次有两个同学来我家玩，我们在观察鱼缸时，有1条小鱼游到了鱼缸的右上角。我们惊奇地发现，从某一个角度看，明明是1条小鱼，但看起来却有3条！这到底是怎么回事呢？于是我们开始了探究。

⏰ 分析问题

我们翻阅了我们下学期将要学习的物理教科书，发现这可能和光学现象中的折射有关。折射的定义是当光从一种介质进入另一种介质时，传播方向发生了偏折，如图34-2所示。

带着猜想，我们画了一些示意图。因为玻璃较薄，在以下探究中我们都将玻璃暂时忽略不计。此时鱼缸相当于一个理想状态的水立方。图中偏折的角度也仅做示意，不是真正的折射角度。图34-3是鱼缸的简化示意图。

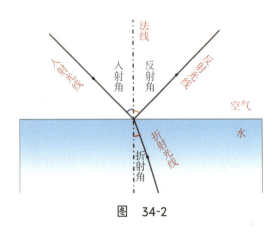

图 34-2

鱼身上反射的光从水中传出，进入空气时角度发生了偏折，导致鱼的位置看起来比原本位置高，如图34-4所示（图中的"左"并不代表实际情况下我们能从鱼缸左边看到的样子，仅为了更方便地表示光线传播线路。在其他图中仍适用）。

在图34-5中，同样由于光的折射，当光线穿过不同介质时发生偏折，导致我们在不同面上看到的鱼的位置均发生了一定程度的偏移。

图　34-3

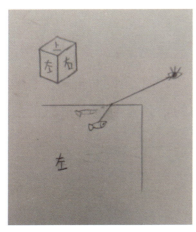

图　34-4

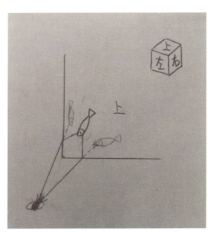

图　34-5

通过这次实验，我们发现了光的折射的奥妙，鱼的虚像是通过光的折射产生的，我们看到的鱼的数量与3个角度，即我们观察的角度、光与水面的角度和玻璃摆放的角度有关。

建立模型

在弄明白为什么1条鱼看起来像3条鱼后，我们又产生了新的疑问。为什么有时看起来是3条而不是2条或4条呢？鱼的数量和鱼缸的面又有什么关系呢？

我们上面的探究都建立在鱼缸的形状为长方体的前提下。长方体共6个面，但用肉眼观察时，最多1次只能看到3个面。1个面只能呈现出1条鱼通过折射产生出的影像，所以只能看到3条鱼。即使鱼反射出的光在我们没有看到的面也产生了影像，我们依旧看不到。

那么是不是能看到几个面就能看到几条鱼呢？我们进行了一些尝试，最终发现不是的。同样在长方体内，同样的观测位置，鱼在不同位置游动；鱼在同一个位置停着，改变观测位置，看到的鱼有时是3条，有时是2条，有时只有1条。到底在什么条件下才能看到不同数量的鱼呢？

在画示意图时，我们察觉到光线偏折的角度不同，最后光射向的方向当然也就不同，也就需要观察者站在不同的位置。若想知道需要站在什么位置，就得知道光线偏折的角度。

模型求解

在查询资料后，我们发现折射时，光线偏折的角度和折射率有关。折射率是光从一种介质进入另一种介质时，入射角的正弦值与折射角的正弦值的比值，如图34-6所示。水的折射率约是1.3。

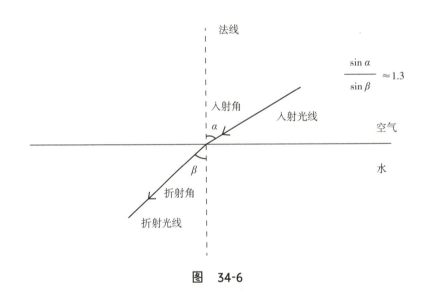

图 34-6

那么到底在什么条件下才能看到更多数量的鱼呢？我们以二维形式分析图34-4和图34-5的情况。我们选取鱼身上反射出的光能从经过左面射出的临界点——无限接近界面终点的那一个点，画出了当鱼反射的光经过这一点发生折射时的情况，如图34-7所示。这是能从左面看到鱼的影像的最高地方。也就是说，在只有黄色阴影部分范围内观察才能从左面看到鱼。同样地，在只有蓝色阴影部分范围内观察才能从上面看到鱼。而在黄蓝阴影的重叠范围内观察，就能看到2条鱼了。所以，只要我们知道入射角是多少，我们就能通过正弦函数求出观测范围。

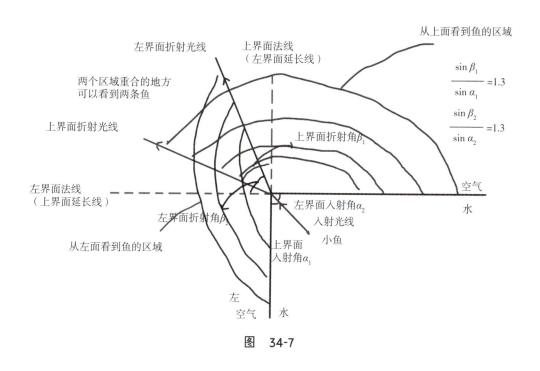

图　34-7

这只是其中一个特殊切片。实际上，鱼反射出的光并不是面状，而是"有体积"的，即具有三维性。同样，将折射临界点所产生的范围求出，有几个立体范围重叠就能在那个角度观察到几条鱼。

模型结论

我们能够在什么角度观察到几条鱼，取决于鱼在鱼缸中的位置和观察的角度。当观察者的位置处于鱼身上反射出的光经过折射后可以覆盖的立体范围内时，就可以看到这一个影像。能看到的鱼的数量取决于立体范围重叠的数量。

模型拓展

这些有趣的现象让我们联想到，光的折射现象在生活中还有很多。例如：海市蜃楼，其背后的科学原理也是光的折射。在沿海或者沙漠地区，向远方望去的时候，有时候会看到一些山峰、楼宇、集市等。实际上，这就是光在传播的过程中，由于空气的密度不均匀，改变了光的传播方向，发生了明显的折射，使远处的景物折射在半空中形成一种幻景。

按照上面的结论，我们在立方体鱼缸中应该最多只能看到3条鱼。但在一次观察的时候，我居然在鱼缸的一角看见了同一条鱼的4个影像。这又是怎么产生的呢？我们又开始了新一轮的探究。

我们发现，这次观察的角度和之前探究的情况都不一样。鱼同样是在鱼缸角落，而我们的目光不再是正对着角落，而是从侧面观察。这时，右边两条鱼依旧是本体折射的影像，而左边两条鱼则是本体反射的光投到左边的壁上反射后再从两个方向折射进入空气，最终汇集到我们眼中被我们看见了。

模型收获

我们知道了鱼在鱼缸中形成多个影像不仅与光的折射有关，还与光的反射有关。且能看到的鱼的数量与鱼缸的面数有关系，但不是有几个面就只能看到几条鱼。光学真是神秘又有趣，我们会带着探索的精神继续学习下去。

教师点评

本成果是跨学科的探究，来自悠然、一妙和季兴三位同学对日常生活中鱼缸里的小鱼的观察，他们自学了物理知识和三角函数知识，进而给出了合理的解释。既提升了自己的自学能力，又体会到了数学的价值，以及数学在跨学科学习中的重要作用。本成果进行了多次的再观察、再探、再分析，展现了一定的研究精神，是真探究、真思考。

如何更容易地做引体向上

郭飘杨

问题背景

进入初中，引体向上就成了让我们男生头痛的体育项目，也是中考体育测试项目之一。学会它，就变得日益紧迫。

提出问题

如何快速学会引体向上？

分析问题

引体向上并不是一个单一的动作，而是由一系列动作组成的连续性动作。运动的方向，力的大小、方向，以及所做的功都在不断变化。对每一组引体向上进行分解，可将一个完成动作分为三个阶段。

第一阶段：悬挂阶段。把人看作一个质点，他受重力和拉力的作用，重力、拉力二力平衡。

第二阶段：上拉阶段。人需要克服重力的作用，将自己向上拉一臂左右的高度，拉力需要大于重力。

第三阶段：恢复阶段。减小拉力，恢复重力和拉力二力平衡状态。

结论：完成一个合格的引体向上，最重要的是力。

从上面的分析可以看出，完成引体向上发力的核心部位是胳膊。胳膊完成的动作有两个，分别是悬挂和上拉。

模型求解

1. 垂直上杠分析

悬挂： 以我为例，我的体重为50kg，根据重力的计算公式：$G=mg$，当我悬挂在单杠上所受的重力为$50 \times 9.8 = 490$（N）。那做引体向上时，我需要的力就是490N吗？

未必，因为人的两个手臂位于肩膀两侧。根据分力、合力公式 $F_1 = F_2 = \dfrac{\frac{F}{2}}{\cos\theta} = \dfrac{G}{2\cos\theta}$，我们会发现两臂间的分力越大，悬挂时所需要的力也越大。将人体吊在单杠上的情形简化，如图35-1所示。

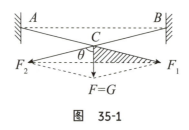

图 35-1

重力G沿手臂方向分解成两个分力，两个手臂上的分力根据对称性的原理分解成大小相等的分力，根据平行四边形法则，两力夹角为2θ，代入公式可计算出两个手臂张开不同角度时所需的力。为了计算方便，将g取值为10N，那么重力就为500N，见表35-1。

表 35-1

θ	0°	30°	45°	60°	80°	85°	87°	89°	90°
$F_1 = F_2$（单位：N）	250	289	354	500	1440	2868	4777	14325	∞

可以很明显地看出，随着手臂与身体夹角的变大，悬挂在单杠上所需要的力也在逐渐增大。所以从悬挂角度来说，手臂尽量和肩膀保持一致的宽度才是最省力的方式。

上拉： 根据上面分析，我们知道了最省力的抓握角度，那又如何把身体上拉起来？搬起和自己一样重的物体比较轻松，但在单杠上拉起自己的身体就变难了。这是为什么呢？

通过观察我们会发现，搬动物体的时候，小臂和大臂拉力的方向向上，合力也是竖直向上的，两臂的合力只需要大于身体产生的重力就足够了。而引体向上则不同：小臂拉力的方向向上，大臂的方向却是绕手肘关节做180°的旋转，身体所受的重力则是垂直于地面。这就意味着，大臂在上拉的过程中，力的方向在不断变化，那么大臂和小臂的合力方向也并不是一直竖直向上的。因此引体向上拉动自己的身体比竖直方向搬起同等质量的物品更费劲。

接下来通过模拟图象，看一下角度和力的变化，如图35-2所示。

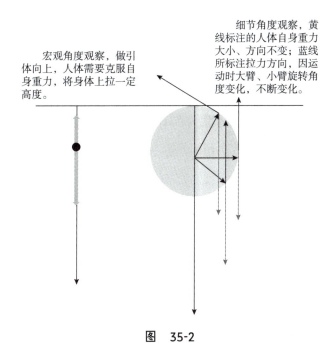

图 35-2

①人体垂直悬挂在单杠上，小臂、大臂之间夹角为180°。

②身体向上抬高时，小臂带动大臂，围绕手肘关节做 $\frac{1}{4}$ 圆周运动，将身体拉起一个大臂的高度。

③以手肘关节为支点，大臂带动身体围绕手肘关节继续做 $\frac{1}{4}$ 个圆周运动，将身体继续拉高一个大臂的高度，下巴越过单杠。

看来想要让引体向上变得容易，最核心的方法就是减小重力或者提高拉力。

减轻体重是好办法，毕竟体重降低，重力就减小。但在体重减轻之前，我们其实还有更快速高效的方法——只要"咣咣咣"在单杠上前后摇动个两三次再上杠，就能更容易做出一个引体向上。很神奇吧！下面我们就来分析一下神奇背后的科学原理。

2. 摆动上杠动作分析

把悬挂在单杠上的人看作一个质点，质量为m，两个胳膊就是摆线。人体前后摆动的动作就是以手为圆心的圆周运动。

悬挂摆动时，拉力$F>mg$。身体收紧，向前摆动，摆线与竖直方向形成一定的角度。

身体受重力、拉力和沿切线方向的一对方向相反的力——向前的向心力和向后的回复力。其中向心力$F_{向}=F-mg\cos\alpha$，回复力$F_{回}=F-mg\sin\alpha$。

当人向上摆动到极限高点时，因为回复力的作用，接下来会向后摆动，到达最低点；这个过程重力势能转化为动能，人会向后摆动，到达后方最高点，动能转化为势能。此时人会因为向心力的作用再次向最低点运动；当人到达最低点后，再迅速向上拉动胳膊，就可以更容易做出一个引体向上。

我们可以根据图35-3来分析摆动省力的数据。

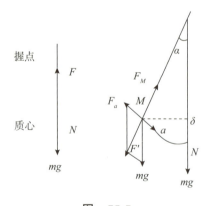

图 35-3

模型结论

要让引体向上变得容易，要注意几点：降低体重减少重力；抓杠时，双手宽度尽量与肩膀同宽；拉起前，通过前后摆动减少拉起时手臂所需的拉力。

有了这些秘诀，如果还不能拉起一个引体向上，就需要使用辅助工具。现在最常用的辅助工具为橡胶材质的拉伸带。利用橡胶变形会能快速恢复的特性，降低重力影响。如果用橡胶带把大臂与单杠连接，作用更加直接。

模型收获

本次探究从理论上分析了引体向上，努力的方向就更明确了，接下来我就要快速行动起来练习了。

教师点评

本成果与初中生面临的中考体育测试有紧密的联系，是学生迫切需要掌握的技能和技巧。飘杨同学对引体向上进行动作分解后再分别做力的分析，让自己更清楚知道影响引体向上的要素和细节有哪些，分析得很清楚。最后给了补充说明，如果还做不了引体向上，还有辅助工具可以帮忙。结论切实有效。

类型六

统计模型

时间（s）	火焰温度（℃）	室温（℃）	火焰颜色
5	130	40	初红
30	310	120	初红
60	450	145	淡红
120	680	200	暗红
180	1000	560	鲜红
210	1200	660	橙黄

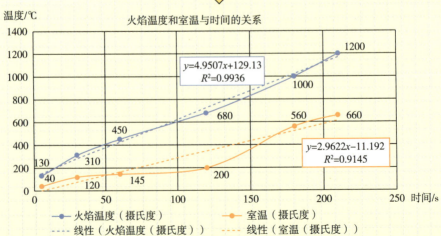

火焰温度和室温与时间的关系

$y=4.9507x+129.13$
$R^2=0.9936$

$y=2.9622x-11.192$
$R^2=0.9145$

成果 36   电动车起火，夺命只需 100s

刘馨远

 **问题背景**

半年前，我们小区发生了一起电动车楼道起火的事件，现场两辆消防车出动，才把大火扑灭，所幸没有人员伤亡。近期，网络上这样的新闻屡见不鲜，相信大家在楼道里也一定见到过相关的安全宣传海报。

提出问题

这些触目惊心的案例让我开始关注安全问题。这时，我不禁有一个疑问：起火真的那么凶险吗？火焰的温度与时间的推移有没有直接关系？我开始研究和建模，准备通过数学函数的相关知识绘制函数图象，以证明或反驳"夺命只需100s"的观点。

 **分析问题**

1. 研究方法

数据采集；描绘散点；分析散点的分布情况；进行函数拟合；整理数据并得出结论；对得到的结论进行误差分析。

2. 做出假设

（1）火焰温度以焰心为准，室温以房间内距火焰1m的探测器为准。

（2）以常规楼高——3m为基准。

3. 收集数据

我查阅了大量的相关资料，其中有些数据有明显的错误。于是我参考了某消防局提供的密闭空间的权威数据来进行建模、分析，所收集的数据见表36-1。

表 36-1

时间（s）	火焰温度（℃）	室温（℃）	火焰颜色
5	130	40	初红
30	310	120	初红
60	450	145	淡红
120	680	200	暗红
180	1000	560	鲜红
210	1200	660	橙黄

建立模型

利用计算机软件进行数据的建模工作，如图36-1所示。

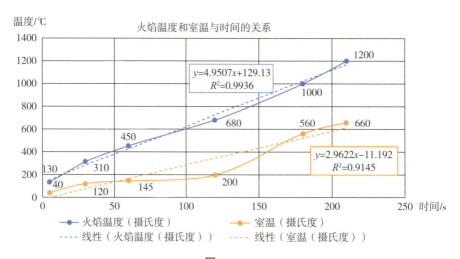

图 36-1

我利用数学语言描述实际现象。将数据抽象成线后，我得到了数据的曲线统计图来体现数据的变化趋势，发现这是两条倾斜的直线，并通过软件计算得到了两条直线的函数解析式，两条直线的x轴（自变量）指的是火焰燃烧的时间，y轴（因变量）分别指的是火焰的温度和室内的温度。由于火焰温度或室温与火焰燃烧的时间之间的关系并不总是成一定的比例，所以这两个公式所生成的数据可能会有误差，我还列出了R平方值。

以上分析说明了火焰的温度或室温随着时间的推移而不断升高。

模型求解

接下来，我们来分析"夺命只需100s"的观点是否正确。在图36-1中，我们可以清晰地发现，在线路短路后的第100s，火焰温度在600～620℃，而室温则升至250℃左右，这个温度下的空气密度约为 0.9 kg/m³（在标准条件下，空气密度约为1.29kg/m³，当空气密度低时，单位体积的空气中氧的含量也相对变少，从而损伤人体呼吸系统，人对危险的判断力也会明显减退），导致能见度极低，使人感觉酷热难挡。在这种条件下，人体皮肤大概率会被热空气灼伤。同时，电池燃烧产生的有毒气体逐渐侵入人体器官，可能会出现心率异常、器官衰竭等危急情况，被困于火海里，危及生命。

模型结论

"夺命只需100s"的观点是正确的。

模型收获

在起火后第50s开始，高温、氧气稀疏的环境会损伤呼吸道，人体会出现呼吸困难、心悸、胸痛等不适反应，需要立即逃离现场，不要贪恋财物——因为温度上升得很快。电动车在楼道充电而起火的案例不胜枚举，突发情况令人措手不及，许多人因此而丧失了宝贵的生命。我们要防患于"未燃"，珍惜生命，切莫图一时方便而后悔终生。当真的发生突发状况时，要注意：

①如发现楼梯间没有烟火蔓延，楼梯畅通，应首先选择沿楼梯向室外逃生。

②在楼梯间烟火比较大或被阻断的情况下，切不可沿楼梯逃生，应立即紧闭房门，用湿的毛巾、衣物等堵住门缝，阻挡烟气进入，选择到最近的阳台呼救并第一时间拨打119火警电话等待救援。

③当离开房间发现起火部位就在本楼层时，应尽快跑向已知的安全疏散出口，通过防火门后应及时将其关闭；如果楼道被烟气封锁或者包围，应返回室内及时报警等待救援。

教师点评

电动车起火造成人员伤亡的新闻屡屡见诸报端。这一社会现象引起了馨远同学的注意，他针对与这一社会现象有关的宣传海报、权威数据进行了数据分析。通过建模发现起火速度之快、升温之高，令人咋舌，也希望通过这篇探究能够给予人们警示。也希望馨远同学能够根据文中的数据分析得出更有针对性的结论，挖掘出更多有价值的研究点。

成果37　身份证背后的奥秘

郭笑羽

问题背景

我们每个人都有自己独有的和别人不一样的编码——身份证号码。身份证号每一位数都有一定的意义，我开始查资料展开研究。

 提出问题

　　从左往右第1、2位代表省份，第3、4位代表城市，第5、6位代表区县，第7—14位表示出生年、月、日，第15、16位表示顺序码，即同一地址码所标识的区域范围内，对同年、同月、同日出生的人编定的顺序号，第17位表示性别，那么第18位有着怎样的含义呢？

分析问题

　　查阅资料了解到第18位是校验码，校验码是通过计算得出的。首先，将前17位数分别乘不同的系数，见表37-1。然后，将上述乘积所得的17个结果相加。再用和除以11，保留余数。最后，查找余数对应的校验码，见表37-2。

表　37-1

位数	A	B	C	D	E	F	G	H	I	J	K	L	M	N	O	P	Q
系数	7	9	10	5	8	4	2	1	6	3	7	9	10	5	8	4	2

表　37-2

余数	0	1	2	3	4	5	6	7	8	9	10
校验码	1	0	X	9	8	7	6	5	4	3	2

　　下面举例计算校验码，如身份证号110101201207311569，校验码为9，要检验其是否正确，先求出各号码与系数的乘积，见表37-3。

表　37-3

号码	1	1	0	1	0	1	2	0	1	2	0	7	3	1	1	5	6
系数	7	9	10	5	8	4	2	1	6	3	7	9	10	5	8	4	2
结果	7	9	0	5	0	4	4	0	6	6	0	63	30	5	8	20	12

　　$7+9+0+5+0+4+4+0+6+6+0+63+30+5+8+20+12=179$，

$179 \div 11 = 16 \cdots 3$ ，

余数3对应的校验码为9，也就是身份证最后一位数为9。检验完毕。

这时我又产生了新的疑问：在计算校验码时，为什么要除以11而不是其他的数呢？下面从校验码的作用入手展开研究。

建立模型

（1）如果知道身份证号码的其中一位填错了，用校验码可以快速得知正确的值应该是多少？

选读： 设A为正确的校验码对应的正确的余数，第j位出现错误，第j位的号码是a_j。

$$\sum_{i=1,\ i \neq j}^{17} a_i p_i + a_j p_j \equiv A \,(\mathrm{mod}11)\ ,$$

则$a_j = \left\{ A(\mathrm{mod}11) - \sum_{i=1,\ i\neq j}^{17} a_i p_i(\mathrm{mod}11) \right\} \div p_j$。

同上，设除以11的商为y。

则$a_j = \left\{ 11y + A - \sum_{i=1,\ i\neq j}^{17} a_i p_i(\mathrm{mod}11) \right\} \div p_j$。

y依次取值代入上述公式，使a_j是一个整数。

下面举例说明，如身份证号11?101201207311569，假设第3位写错了，计算见表37-4。

表 37-4

号码	1	1	?	1	0	1	2	0	1	2	0	7	3	1	1	5	6
系数	7	9	10	5	8	4	2	1	6	3	7	9	10	5	8	4	2
结果	7	9	?	5	0	4	4	0	6	6	0	63	30	5	8	20	12

给出具体问题可代入上述模型求解。若有难度可先看特殊的例子。

通过枚举将0到9一个一个算，得出正确的校验码，便可以选出正确值。

设错误位的号码为x。

$7+9+10x+5+0+4+4+0+6+6+0+63+30+5+8+20+12=179+10x$，

$(179 + 10x) \div 11 = y\cdots 3$,

$x = \dfrac{11y + 3 - 179}{10} = \dfrac{11y - 176}{10}$。

$\because 0 \leqslant x \leqslant 9$,

$\therefore 0 \leqslant \dfrac{11y - 176}{10} \leqslant 9$。

$\therefore 16 \leqslant y \leqslant 24\dfrac{2}{11}$。

其中，只有当$y=16$时，x为整数0。

（2）如果相邻两位号码填反了，也可检验出。

其实就两组数据，假设比较简单，比如设位数为i，第i位对应的号码为a_i，系数为p_i，见表37-5。

表 37-5

i	18	17	16	15	14	13	12	11	10	9	8	7	6	5	4	3	2	1
p_i	7	9	10	5	8	4	2	1	6	3	7	9	10	5	8	4	2	校验码

✍ 模型求解

首先观察两个变量之间的关系，从2,3,4位容易发现系数分别为$2^1,2^2,2^3$，延续这个规律，找第5位系数5与2^4（即16）的关系，第6位系数10与2^5（即32）的关系……可以发现16除以11的余数为5，32除以11的余数为10……得出i与p_i的关系式$p_i \equiv 2^{i-1}(\mathrm{mod}11)$。

选读：下面用反证法，设"不包含校验码的相邻两位号码写反了，不能检查出来"，即更换第j位与第$j-1$位号码，得出的校验码一样。

$$\sum_{i=1,\ i\neq j,\ i\neq j+1}^{18} a_i \cdot p_i + a_j \cdot p_{j+1} + a_{j+1} \cdot p_j \equiv \sum_{i=1,\ i\neq j,\ i\neq j+1}^{18} a_i \cdot p_i + a_j \cdot p_j + a_{j+1} \cdot p_{j+1}(\mathrm{mod}11)$$

$$a_j \cdot p_{j+1} + a_{j+1} \cdot p_j \equiv a_j \cdot p_j + a_{j+1} \cdot p_{j+1}(\mathrm{mod}11)$$

$$a_j \cdot p_{j+1} - a_j \cdot p_j \equiv a_{j+1} \cdot p_{j+1} - a_{j+1} \cdot p_j(\mathrm{mod}11)$$

$$a_j(p_{j+1} - p_j) \equiv a_{j+1}(p_{j+1} - p_j)(\mathrm{mod}11)$$

$$a_j(2^j - 2^{j-1}) \equiv a_{j+1}(2^j - 2^{j-1})\,(\bmod 11)$$
$$a_j(1 - 2) \equiv a_{j+1}(1 - 2)\,(\bmod 11)$$
$$a_j \equiv a_{j+1}\,(\bmod 11)$$

则相邻两数相等，互换位置也没关系。与假设矛盾，因此相邻两数写反了，校验码将不一致。

模型结论

如果知道身份证号码的哪一位填错了，设 A 为正确的校验码对应的正确的余数，第 j 位出现错误，第 j 位的号码是 a_j。将 y 依次取值代入 $a_j = \{11y + A - \sum_{i=1,\ i\neq j}^{17} a_i p_i (\bmod 11)\} \div p_j$，使 a_j 是一个整数，可以快速得知正确的值应该是多少。此外，用反证法证明了如果相邻两位号码填反了，也可检验出。

模型收获

通过此次探究，我对身份证校验码的含义及作用有了了解。对同余运算规则进行了深入研究。建立模型可以进行复杂的数学计算，多用于加密算法。我还运用 a_i 表示了 1 到 18 的任意一位数，更加方便寻找变量之间的函数关系。

教师点评

出于对身份证每一位数所代表意义的好奇，笑羽同学对校验码展开了研究，通过查阅资料认识了校验码的计算过程，并用数学建模的方式探究了校验码的独特意义。本成果揭秘了校验码计算过程为"前17位数与其系数乘积的和，和除以11所得余数对应的数"的科学性，为校验码在检验中的应用提供了理论依据。

类型七

其他模型

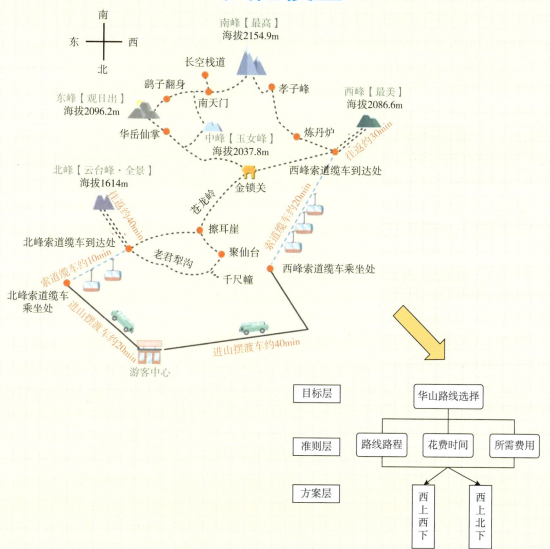

成果38 基于多目标决策的华山游玩路线探究

刘 行

问题背景

今年春节假期期间，我和父母去了华山游玩。华山一共有5座山峰，它们各有特点，每条路线的景点各不相同，路线有长有短。选择不同的游玩路线，获得的游玩体验也会不同。

提出问题

基于不同的路线，怎样在规定时间内获得最好的游玩体验呢？选择哪条线路进行游玩呢？在游玩前，我对华山的最佳游玩路线进行了以下探究。

分析问题

（1）为了获得更好的观感体验，需要提前做好功课，了解华山景区概况。我通过上网获得了华山的浏览路线图，如图38-1所示。

（2）进一步分析，明晰影响路线选择的因素，经过初步调研，我了解到以下几点：

①只有北峰、西峰有索道可以从游客中心出发或返回。

②北峰与其他4座峰之间有一条约6km的山路。若从其他4座峰到北峰为下坡路，比较省力；反之则为上坡路，费时费力。

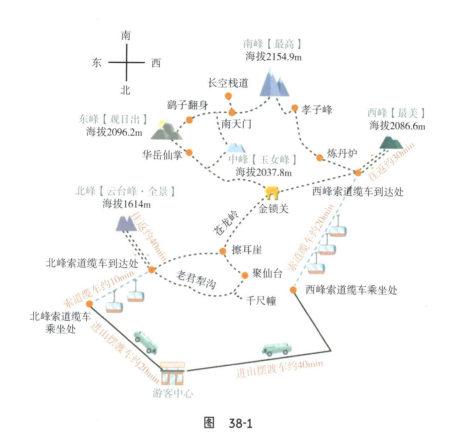

图 38-1

③西峰最美，南峰最高，北峰能看到全景，中峰仅有一个景点，东峰虽可观日出，但不在游玩时间内，所以西峰、南峰、北峰3座峰为游览重点。

④游玩时间为6～7h，除去约1h吃饭、拍照、停留休息的时间，游玩时间为5～6h。

（3）确定路线的几种不同的方案。对于从哪里上、下山有4种情况，即西上西下、北上北下、西上北下、北上西下。北上西下必须走过一条6km的上山路，费力费时，暂不考虑；北上北下要么只能游览北峰1座峰，要么需要重复走6km山路，观赏性差或更加费时费力，暂不考虑。

📋 建立模型

对备选路线进行分析，确定影响路线的因素。

经过初步的分析，初步确定影响路线选择的因素有：游览的路程、花费时间和游览的费用。因此建立如图38-2所示的方案模型。

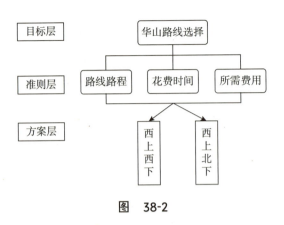

图 38-2

模型求解

1. 对西上西下路线的全方位分析

（1）具体路线及分析。

这条路线如要到达北峰则还需返回西峰，会重复走6km山路，时间、体力不允许，因此可游览除北峰外的4座峰，路线为西峰→南峰→东峰→中峰→西峰，线路简图如图38-3所示。

西上西下

南峰
40min ↙   ↖ 40min
东峰   西峰 （30min）
30min ↘   ↑
中峰 ——→ 西峰索道缆车乘坐处
50min

图 38-3

（2）时间计算。

40min×2（进、出山摆渡车）+20 min×2（上、下山索道缆车）+190 min（登4座峰）=310 min =5h 10 min，时间合适。

（3）费用计算。

表 38-1

受众	项目费用（元）				
	景区门票	摆渡车票（西峰）	摆渡车票（北峰）	索道缆车票（西峰）	索道缆车票（北峰）
成人	100	40	20	120	45
学生	5折	9折	9折	9折	9折

结合表38-1中各项目费用情况，本路线的最终费用如下：

100元×2+100元×50%（2成人1学生景区门票）+（40元×2+40元×90%）×2（2成人1学生进、出山摆渡车）+（120元×2+120元×90%）×2（2成人1学生上、下山索道缆车）=1178元。

2. 对西上北下路线的全方位分析

（1）具体路线及分析。

如果按照西峰→南峰→东峰→中峰→北峰，则耗时过长且对体力要求极高，适于两日游。因此我选择放弃东峰（可看日出但不在我们的游玩时间内）和中峰（只有一个一般的景点）两座观赏性较差的山峰，路线为西峰→南峰→北峰，线路简图如图38-4所示。

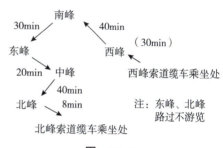

图 38-4

（2）时间计算。

40 min（西峰进山车摆渡车）+20 min（北峰出山车摆渡车）+20 min（西峰索道缆车）+10 min（北峰索道缆车）+218 min（登3座峰）=308 min =5h 8min，时间合适。

（3）费用计算。

结合表38-1中各项目费用情况，本路线的最终费用如下：

100元×2+100元×50%（2成人1学生景区门票）+40元×2+40元×90%（2成人1学生西峰摆渡车）+20元×2+20元×90%（2成人1学生北峰摆渡车）+120元×2+120元×90%（2成人1学生西峰索道缆车）+45元×2+45元×90%（2成人1学生北峰索道缆车）=902.5元。

建立模型

在综合分析和选定游览路线时，需要结合本次多目标分析制订决策的参考维度，包括路线路程、花费时间、所需费用、景观体验等，来综合分析本次的两个游览路线。

模型求解

初步得到如下结论：

（1）对于路线西上西下的分析。

优点：时间充裕，可以游览4座山峰，有较大回旋余地（4座峰都可以选择绕行不爬上山顶，若体力不支可直接绕山返回）。

缺点：费用较高，无法游览著名的北峰、欣赏华山全景。

（2）对于路线西上北下的分析。

优点：时间充裕，可以游览最美（西峰）、最高（南峰）和可以观赏全景（北峰）的3座山峰，费用较低。

缺点：相较于西上西下路线更耗费体力，回旋余地小。

模型结论

两种路线的综合分析：对于时间来说，两条路线都能有充裕的时间游览；对于费用来说，西上西下的费用更高；对景观体验来说，西上北下更好；对于体力耗费情况及回旋余地来说，西上西下更省力，西上北下相对费力，但是我和父母体力都比较好，所以这个因素影响较小。综合以上分析，我们选择了西上北下路线，即西峰→南峰→北峰。

模型收获

我的想法得到了父母的同意。第二天，我和父母就按照我规划的路线浏览华山。在西峰，我们看到了美不胜收的景色；在南峰，我们领略了"一览众山小"的美景；在北峰，我们把华山全景尽收眼底。在游玩过程中我与父母相互鼓励，最终准时下山到达集合点。总结下来，虽然比较累，但是收获满满。通过这个探究，我感受到了数学的统筹规划在实际生活的作用，我很高兴用数学知识解决了游玩华山路线选择的问题，真是满满的成就感。在今后的生活中，我希望能更多地运用数学知识解决问题，因为数学与生活是密不可分的。

教师点评

　　生活中常常会遇到各种各样的决策问题。刘行同学在假期旅游的过程中就遇到了旅游路线的选择问题。在规划旅游路线的方案过程中，她从游览路程、花费时间、所需费用、观感体验等多个维度进行了对比分析，经历了比较、判断、评价直至最后的决策这一完整的过程，培养了她多维度的目标规划意识，以及善用数学的思维解决生活中的问题的能力。

> **成果 39** **基于家庭环境下改善无线网络速度的实验探究**

万宇昂

问题背景

　　在居家办公学习期间，家庭上网需求急剧上升，但是在我上网课的同时妈妈在开视频会时，总会出现信号不好等网络问题。为了解决这些问题，爸爸把客厅路由器的Wi-Fi换成了光纤，客厅的网络下载速度达到了520Mbps，也就是65 MB/s（1Mbps = 0.125 MB/s）。

可奇怪的是，我房间的网络下载速度为276Mbps，只有客厅网速的50%；大部分时间妈妈房间的网络下载速度为160Mbps，只有客厅网速的30%。对比如图39-1所示。

图　39-1

基于以上对比，引发了我的思考：为什么我房间的网络下载速度要比客厅网络下载速度低？为什么妈妈房间的信号强度比我房间信号强度更弱？影响Wi-Fi传播速度的因素有哪些？如何改善这种现象？

分析问题

首先我更细致地了解了房间内网络速度的分布情况（我们家是两居室的户型，户型如图39-2所示），想据此推测可能影响网络速度的因素。我对房屋内 A，B，C，D，E，F 等6个位置的网络下载速度进行了3次测量，取测量结果的平均值作为进行比较的数据。测量数据（单位：Mbps）见表39-1。

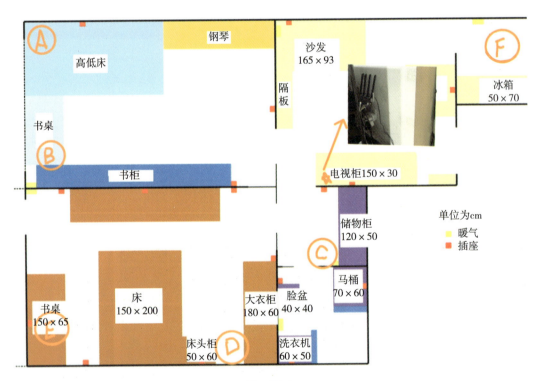

图 39-2

表 39-1

	A点	B点	C点	D点	E点	F点
第一次	376	463	397	69.2	200	397
第二次	374	444	329	106	221	337
第三次	401	384	387	109	189	358
平均值	388	430	371	95	203	364

（注：表中的数值均为网络下载速度，单位为Mbps；路由器附近的网络下载速度为534 Mbps。）

根据以上测量数据，我对房间网络信号的基本情况进行了初步分析。

①A、B两点障碍物相同，与路由器距离不同。观察的数据可知：点A网速只有点B网速的90%，据此推测网速可能与传输距离有关。

②A、E两点距离大致相同。障碍物不同。观察数据可知：点E网速只有点A网速的50%。点C距离路由器很近，但速度还是只有路由器附近速度的50%，据此推测网速与障碍物可能有很大关系。

③A、F两点与路由器的距离大致相同，但方向不同。观察数据可知：网速大致相同，据此推测网速与路由器方向无关。

在家中测量后，我又在网上查阅资料得知：Wi-Fi的原理是通过发射电磁波形成覆盖全屋的信号网络。电磁波以光速在同种均匀介质中沿直线传播，可见光是电磁波的一种，所以电磁波和可见光的特性类似。我想到了物理课上学习的光的特性，想以此类比来了解电磁波的特性。把光的亮度想成网速。光很难穿透物体，亮度随着传播距离而衰减，可以被反射和折射，亮度与光源功率有关。这也一定程度上印证了上文在家中测量后，对于影响Wi-Fi信号传播影响因素的猜想：网络速度与传输距离、障碍物有关。

改善家庭网速分布不均匀的情况，可以通过实验验证猜想，探究出影响网络速度的因素。代入到家庭的具体场景中，根据Wi-Fi信号传播影响因素结合家庭环境因素，因地制宜地设计出改善家庭Wi-Fi网络速度的方案。

建立模型

在上述实验准备工作基础上，为更加清晰地确定影响网络信号强度的因素，我从距离、高度、遮挡物、信号反射及发射方向等方面对影响网络信号强度的因素逐一进行了测量和分析。

 **模型求解**

1. 水平距离对网络速度的影响

由于房间宽度的限制，我把路由器放置在楼道的凳子上，以此来扩宽实验的水平距离，我用卷尺测量手机与路由器的水平距离，手机和路由器之间没有遮挡物，高度统一为1m，水平距离每1m测量一次，每米测5次取平均值，测量数据（单位：Mbps）见表39-2，样本数据横向、纵向对比分析折线图如图39-3所示。

表 39-2

距离	测试1	测试2	测试3	测试4	测试5	平均值
1m	530	503	468	485	527	502
2m	488	491	463	438	501	476
3m	459	447	420	421	436	437
4m	425	373	397	436	408	408
5m	437	416	430	372	387	408
6m	436	380	434	442	445	427
7m	383	411	387	419	404	401
8m	380	360	365	378	367	370
9m	284	303	321	307	313	306
10m	271	259	217	196	227	234

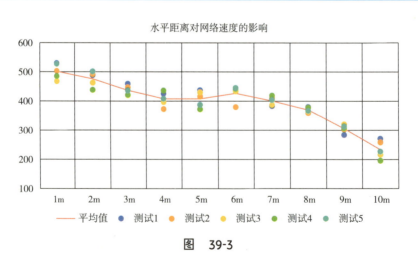

图 39-3

从上述数据可知：1~3m时网络速度大幅下降；4~7m信号较为稳定，维持在

415Mbps左右，变化不大；8m之后随着距离的增加，网络速度以大约70Mbps/m下降。由此可知，网络速度在8m以内较为稳定，8m以外时，水平距离对网络速度的影响很大。

2.垂直距离对网络速度的影响

我把路由器放置在地面上，分别取了9个点对网速进行了测量，分别是路由器正上方0m、1.2m、2.4m处；离路由器水平距离1.5m处上方的0m、1.2m、2.4m处；离路由器水平距离3m处上方的0m、1.2m、2.4m处。每个点测量7次，去极端值后取平均值。之所以取这3个垂直距离测量点是因为我们家房间的层高是2.4m，取中间值1.2m，最后和对照组0m对比。通过测量这9个点的网络速度，可以推测网络信号在竖直空间内的分布情况，简图如图39-4所示，测量结果（单位：Mbps）见表39-3。

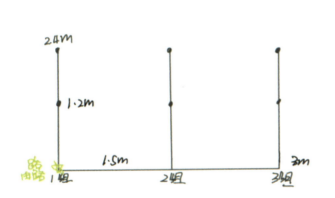

图 39-4

表 39-3

	测试1	测试2	测试3	测试4	测试5	测试6	测试7	平均值
0×0	521	619	552	541	599	544	620	571
0×1.2	382	487	516	439	451	441	557	467
0×2.4	87.3	228	363	271	235	421	269	273
1.5×0	432	379	395	437	328	410	505	426
1.5×1.2	501	494	474	479	438	415	490	475
1.5×2.4	509	434	420	429	397	371	394	415

（续）

	测试1	测试2	测试3	测试4	测试5	测试6	测试7	平均值
3×0	385	329	541	444	433	416	412	418
3×1.2	431	445	450	376	357	422	401	415
3×2.4	419	405	344	258	405	444	308	376

从数据中可知：在路由器正上方，随着高度的增加，每1.2m信号大约以90Mbps的速度衰减，信号衰减速度快，说明在路由器正上方，信号强度对高度变化比较敏感；在距离路由器1.5m和3m的位置，信号总体上是随着高度的增加而衰减，但衰减不太明显，尤其是在1.5m处，垂直高度1.2m的网络速度却比垂直高度0m时的网络速度高49Mbps。据此推测，在路由器正上方时，网络信号存在分布的弱信号区；在路由器3m范围内，信号总体上分布较为均匀。

垂直距离对网络速度的影响不是很明显，如图39-5所示，但路由器斜上方1~2m处，网络速度相对较快。

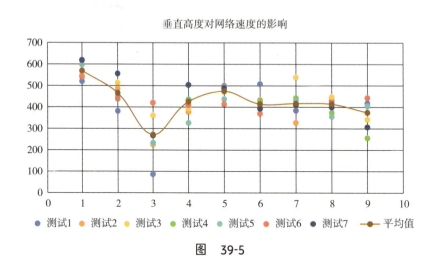

图　39-5

3. 遮挡物对网络速度的影响

我把路由器放置在距离手机1m的位置，在路由器与手机中间放置障碍物（木门、金属板、水泥墙、布），不改变水平和垂直距离，每组更换障碍物，每个障碍物测量5次，取平均值。测量结果（单位：Mbps）见表39-4，无遮挡物网速为502 Mbps。

表 39-4

遮挡物	测试1	测试2	测试3	测试4	测试5	平均值
水泥墙	406	371	455	418	476	425
金属板	454	404	463	382	432	427
木门	538	480	400	450	419	457
布	435	455	424	518	505	467

根据实际观测结果和实际网络衰减效果来看，如图39-6所示，上述实验效果不是很准确。因为家中条件有限，无法找到完全包裹路由器的木质、玻璃、水泥或金属箱子。为了更好地研究，我上网查找资料，查到了相关数据，见表39-5。

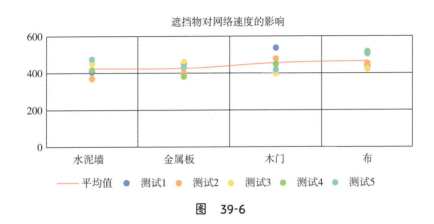

图 39-6

表 39-5

障碍物	穿透损耗
40mm木门	2~3dB
12m玻璃	2~3dB
25cm水泥墙	20~30dB
10cm金属板	20~40dB

（注：降低3dB是指信号强度降低到原先的$\frac{1}{2}$；降低10dB是指信号强度降低到原先的$\frac{1}{10}$；降低30dB是指信号强度降低到原先的$\frac{1}{1000}$。）

从查到的数据中可知：木门可以削减一半的Wi-Fi信号，水泥墙、金属板可以将原信号变为发射时的$\frac{1}{1000}$。对于家中环境来说，水泥墙等遮挡物对网络速度影响是最明显的。

4. Wi-Fi信号接收方向的影响

我把路由器放置在距离手机1m的位置，以90°为基准，不改变水平和垂直距离，每个角度测量5次，取平均值，测量结果（单位：Mbps）见表39-6。

表 39-6

角度	测试1	测试2	测试3	测试4	测试5	平均值
0°	455	520	464	574	564	515
90°	436	556	504	576	514	517
180°	550	480	494	473	527	505
270°	609	571	424	487	495	517

从数据中可知，4个方向的网络速度基本相同。Wi-Fi信号是从路由器天线杆向周围360°传播，传出的所有信号类似圆柱体，所以Wi-Fi信号的传播方向对网络速度没有影响。

5. 电磁波反射对网络速度的影响

根据前面的猜想，电磁波传播到不同物质时，会在反射面上改变传播方向又返回原来物质中的现象。如图39-7所示，我用墙当反射面，把路由器对准墙，间隔1m，把手机放到中间，测量"强反射"时的网络速度；接着把路由器对准开着的门，其他条件不变，测量"弱反射"时的网络速度。两类数据（单位：Mbps）见表39-7。

图 39-7

表 39-7

	测试1	测试2	测试3	测试4	测试5	平均值
有反射物（墙）	426	580	630	619	488	549
无反射物	609	571	424	487	495	517

由数据可知：对着墙时，网络速度要略高于无反射物时。由此可见，Wi-Fi信号（电磁波）可以被墙体等反射物反射，从而使传输到手机的信号增强。在家中的狭小环境中，因为墙体众多且复杂，所以传播过程中反射作用较多，且会相互叠加。因此，要精准地分析这种反射作用，是比较困难的。本文我们主要考虑和分析墙体等障碍物对Wi-Fi信号的遮挡作用。

6. 路由器天线方向对Wi-Fi信号传播的影响

我分别将路由器天线垂直于地面放置和与地面平行放置，分两组在同一位置测量两种天线放置方法对网络速度的影响。路由器位于客厅，第一组位置在客厅，第二组位置在我的房间。数据结果（单位：Mbps）见表39-8。

表 39-8

位置	方向	测试1	测试2	测试3	测试4	测试5	平均值
客厅	竖直	446	522	490	574	444	495
	平行	544	564	465	525	576	535
我房间	平行	274	271	244	272	188	250
	竖直	384	443	328	409	398	392

由数据可知：路由器位于客厅这种密闭狭小空间时，平行放置路由器天线比竖直放置路由器天线时的网络速度高。但是，位于宽阔空间时，天线竖直放置比天线平行放置时的网络速度更快。我分析，位于客厅时，路由器天线发射到天花板和地板方向的信号被天花板和地板反射，被手机接收，从而使手机的网络速度增加；位于我房间时，多数被发射出的Wi-Fi信号无法反射到手机附近，所以竖直放置更好。

✈ 模型应用

由上述实验研究可以发现：障碍物、水平距离、垂直距离、天线放置的方向都对网络速度有明显的影响。改善家庭网络速度，路由器摆放的位置是决定性因素。变动放置位置，就相当于改变了除天线方向外的所有影响因素。

1. 路由器位置的改变

家中的网络信号需要满足爸爸妈妈房间、我房间和客厅3个位置的信号强度。之前的路由器放置在电视和墙体之间，路由器发射的信号受到了墙体的直接遮挡，如图39-8所示。

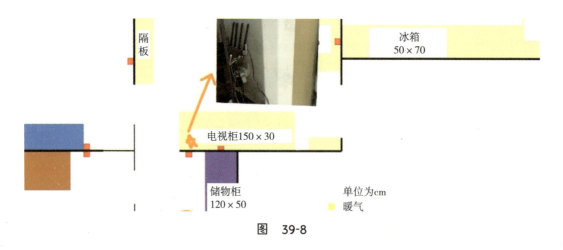

图　39-8

根据上述实验，墙体和电视中金属框架对Wi-Fi信号因遮挡而导致的削减作用较为明显，大部分Wi-Fi信号无法直接向周边传播到我们使用电子设备的区域中。为此，我们对路由器的摆放位置进行了调整，如图39-9所示。

图　39-9

从水平位置来看，这样摆放路由器，左右两侧的信号不会被墙体和电视遮挡，并且与3个主要使用位置的距离都在7m以内。路由器天线竖直放置，以保证两个房间获得较好的信号强度，同时兼顾客厅的信号强度需求。从竖直位置来看，路由器与地面的高度约为60cm，与日常使用电子设备垂直距离平均在1~1.6m。这样的摆放高度有利于在使用位置获得较好的信号强度。

2. 添加反射罩

我用剪刀剪开废旧的礼品盒，将锡箔纸包裹在旧的礼品盒内部，将路由器的天线卡进礼品盒，固定在墙上。改进后的路由器如图39-10所示。

图　39-10

改进后的路由器向墙体方向发射的Wi-Fi信号可以被锡箔纸反射回房间方向，增强了房间内的网络速度。

模型结论

改进后的路由器效果十分明显，如图39-11所示。我爸爸妈妈房间的网络速度由原来的160Mbps变成了改进后的470Mbps；我房间的网络速度由原来的276Mbps变成了改进后的445Mbps。

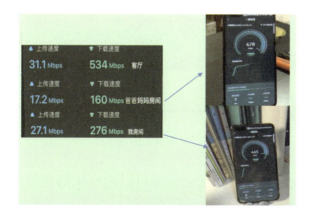

图　39-11

模型收获

在这次探究中，我先通过在家中测量，上网查找资料，分析了影响Wi-Fi信号传播的原理，通过对比实验验证了猜想。然后结合家中实际情况和实验中探究出的影响Wi-Fi信号传播的因素，改进了路由器摆放，解决了家中网络速度分布不均匀的情况，让我体会到了发现问题、解决问题的乐趣。等我再学习一些关于电磁波的专业物理知识后，我会重新审视这次探究的问题，从理论的角度再次改善家中的网络情况。

教师点评

宇昂同学从身边熟悉的场景入手，结合家中实际情况和实验中探究出的影响Wi-Fi信号传播的因素，改进了路由器的摆放，解决了家中网络速度分布不均匀的问题。在探究过程中采用了控制变量法逐一分析，并基于多维度目标进行了数据的收集与处理，在整个过程中经历了确定影响因素——多角度对比分析——数据对比——提出优化方案完成的建模流程，在发现问题、分析问题、解决问题的过程中提升了自己的科学素养。

成果40 当圆周率 π 和古筝相遇

龚玉冰

 **问题背景**

爱因斯坦曾经说过："我们这个世界可以由音乐的音符组成，也可以由数学公式组成。"这句话启发我去探究生活中看似毫不相关的数学和音乐这两件事情之间的关系。数学由许多数字组成，音乐主要由7个音符组合而成，它们之间

有很多相似之处。恰好我从小学习古筝，日常也会弹奏自己喜欢的乐曲。无理数有无限多位，如果将这些数字都转化为乐谱，是不是也可以弹出来？

 **提出问题**

于是我想用古筝来弹奏一些数字。我首先想到了最常见的圆周率π，那就试试弹奏π这个神奇的无理数吧。

分析问题

用古筝弹奏π并非一件容易的事。首先要确定π值的范围，梳理好乐谱。咨询古筝老师的建议后，我暂时确定先弹奏π的前100位数字。

由于古筝只能弹出1~7这七个不同音高的音符，而圆周率π中多出了0，8，9这3个数字，于是如何谱曲成为接下来需要处理的一个大问题。平时练琴时乐谱上的"0"往往表示空拍，所以π值中"0"也就代表空拍。对8和9，它们正好在7的后面，我将这两个数取7的余数记为高音1和2（类似于7进制）。

确定好乐谱的具体内容后，还要考虑节奏。π中的小数点"."与音乐中的附点节奏的标志写法相同，所以弹奏时便将这个小数点作为附点节奏。起初，我为了尽可能保证曲谱的准确性，在后面的曲谱中我一律使用$\frac{4}{4}$拍，并且每个音都占一拍。扫描下面的二维码可以观看"视频一"。

我试着用古筝弹奏了一下，发现音乐缺乏节奏。于是我在乐谱中添加了一些附点节奏型与切分节奏型，但试弹后音符与节奏的适配度并不是很高。我又删去部分切分与附点节奏并反复试验。

乐谱如图40-1所示。

圆周率

$1=D\frac{4}{4}$

3· $\underline{1}$ $\underline{4}\dot{1}$ 5 ｜ $\dot{2}$ $\underline{2}\underline{6}$ $\underline{5}\underline{3}$ 5 ｜ $\dot{1}$ $\dot{2}$ 7· $\underline{\dot{2}}\underline{3}$ ｜ $\dot{2}$ $3\dot{1}$ 4· $\overset{\cdot}{6}$ ｜

2 6 4 3 ｜ 3 $\dot{1}$ 3 $\underline{2}\underline{7}$ ｜ $\dot{2}$ 5 0 $\underline{2}\dot{1}$ ｜ $\dot{1}$ 4 $\dot{1}$ 2 ｜ 7· $\underline{1}$ $\underline{6}\dot{2}$ $\underline{3}\cdot\dot{2}$ ｜

$\dot{2}$ 3 7 5 ｜ $\underline{1}\underline{0}$ 5· $\dot{1}$ 2 ｜ 0 2 7 4 ｜ $\dot{2}$· $\underline{4}$ $\underline{4}\cdot\underline{5}$ $\underline{2}\underline{2}$ ｜ 3 0 $\underline{7}\dot{1}$ 1 ｜

$\underline{6}\underline{4}$ $\underline{0}\underline{6}$ 2 $\dot{1}$ ｜ $\underline{6}\dot{2}$ 0 $\dot{1}$ $\dot{2}$ ｜ $\dot{2}\dot{1}$ $\underline{6}\dot{2}$ $\dot{1}$ ｜ 0 3 4 $\dot{1}$ ｜ 2 5 $\underline{3}\underline{4}$ 2 ｜

1 - - - ‖

图　40-1

最终我在原有乐谱的基础上有规律地添加了附点节奏型，弹出来后音乐更具有韵律。扫描下面的二维码可以观看"视频二"。

谱曲时我很自然地选择7声音阶，另外也可以选择5声音阶，那为什么音乐中很少有4声音阶或6声音阶呢？这就不得不用到数学同余理论了。

建立模型

当n是素数时，n的模n剩余系是$\{1,2,3,\cdots,n-1,n\}$，元素个数为n个。
当n不是素数时，n的模n剩余系元素个数小于n。

模型求解

从数学来看，5和7是素数，从而使得5声音阶和7声音阶可以从其中的任一音级出发，按照任一确定的音程升高或降低，均能得到该音阶的所有音级并回到原来出发的音阶。例如：5声音阶，将5个音级分别记作1，2，3，4，5，从任一音阶（例如2）开始，按照任一确定的音程（例如三度音程）升高，因为5声音阶按模5同余，2+3≡5（mod5），5+3≡3（mod5），3+3≡1（mod5），1+3≡4 （mod5），$4+3 \equiv 2$（mod5），如此得到了5个音阶，也回到了原来出发的音阶2。7声音阶同理。

而4和6是合数，不能保证这一点。如4声音阶1，2，3，4，如果从音阶2开始，依次升高二度音程，因为4声音阶按模4同余，则有$2+2 \equiv 4$（mod4），$4+2 \equiv 2$（mod4），回到开始的音阶2，不能得到音阶1和3。6声音阶同理。

模型结论

数学无理数可以选择一段数字谱曲，用乐器弹奏，根据选择的音阶将数字利用数学同余算法改编，进而根据音乐理论谱曲弹奏。

模型收获

这次圆周率π和古筝的相遇，让我对数学的音乐美和音乐的数学性有了进一步的了解。一方面，这次探究过程让我认识到优美的数学和动听的音乐都具有规律性。另一方面，这次探究引起了我对音乐的数字化的兴趣。在音乐分析和合成中，数学模型也应用广泛，让这些数字产生出美妙的声音真是太奇妙了。

虽然这次的探究并不完美，在节奏方面仍然有很多地方需要改进，但接下来我还会进一步尝试调整乐谱，并安排有理数或数列与古筝相遇，继续寻找数字与音乐的和谐之美。

教师点评

圆周率是个很有意义的无理数，用古筝弹奏圆周率，玉冰同学可能是第一个尝试的人。尝试编曲谱曲，调节奏，反复试验，体会创作的乐趣。同时对为什么选用7声音阶，为什么不选用4声音阶或6声音阶从数学角度做出了解释。正所谓数学来自生活，服务于生活。数学与音乐的美妙相映生辉，我们不仅体会到了古筝的动听，也体会到了数学的美妙。

成果 41　缓解学校附近道路拥堵问题的数学及编程模型设计

郭飘杨

 问题背景

1. 万寿路西街道路通行现状分析

（1）万寿路西街街道情况介绍。

查百度地图可知，万寿路西街位于北京海淀区西三环、西四环之间，是连接万寿路和西翠路的一条双向单车道街道。街道上分布着甲学校、乙中学两所学校，以及若干餐馆。

（2）万寿路西街拥堵时段说明。

工作日：早上7：00～8：00

　　　　晚上4：00～7：00

晚上拥堵状况比早上更加严重。

2. 万寿路西街街道拥堵时段人流车流分析

人群：家长、学生、食客。

车辆：私家车、电动车、自行车。

 提出问题

（1）造成万寿路西街高峰时段拥堵的根本原因是什么？

（2）如何改善万寿路西街拥堵状况呢？

建立模型

1. 道路、车流分析

以晚高峰时段为例分析。高峰期间万寿路西街有3处集中的机动车停靠点，分别占据道路的一侧，使原本单车双向通行车道变窄，如图41-1所示，仅余单车单向通行。

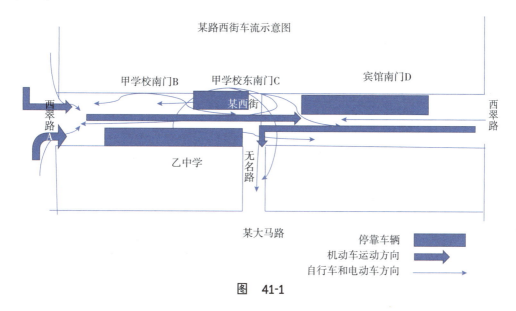

图 41-1

3处停靠路段分别位于：

①西翠路A—甲学校南门B—甲学校东南门C的南面通行路段。

②甲学校东南门C北面路段。

③甲学校东南门C—万寿宾馆南门D南面路段。

机动车流方向主要有两个方向：

①自西向东同行，经过西翠路A—甲学校南门B—甲学校东南门C—万寿宾馆南门D通往丁路。

②自东往西通行，在甲学校东南门C对面岔路转向无名路。

拥堵路段集中在从西翠路A—甲学校南门B—甲学校东南门C—万寿宾馆南门D

2. 拥堵路段原因分析

（1）A—B段拥堵原因分析。

高峰时期，拥堵路段一侧通行道路被临时停靠等待车辆占据。自西翠路南北双车道转向车辆增多。但A—B路段通行能力有限，无法容纳短时剧增的车辆快速通过，西翠路口形成了造成第一段拥堵的瓶颈路段。

我们常把连续车辆的通过叫作车流，可以把车流的状态想象成管道中的流水，把道路想象成管道。

众所周知，管道在一定时间通过的水量是有限的，当单位时间内涌进的水量增加，水流超出水管承受范围，来不及流走的水流就会积压在管道里。

可以用增压花洒类比，当把花洒调到增压模式后，花洒出水口变小，通行水流减少，压力增强。关闭水阀，水流不会马上停止，囤积在开关和花洒间管道的水会继续流出。这个状况与高峰时段涌入万寿路西街车辆剧增情形类似——短时道路通行车辆剧增，通行压力加大，路口等待的车辆剧增。

相较于水分子的流动，车辆通行还需要考虑安全车距。受到车身尺寸影响，无法和水分子一样做得紧密无间，当道路通行压力增大时，车流密度的增加只能是定值。

（2）A—B段拥堵模型建立。

用数学模型推导并理解A—B瓶颈路段短时车流增大对整体路段拥堵的影响。

设车流密度为p（单位距离的汽车数量），车流流速为v（车辆速度），车流流量为q（单位时间通行的车辆数量）。

从西翠路口A涌入的车辆到万寿路西街B的总长为x，则行驶汽车总量$Q=px$；所用时长为t，由$q=pv$，可得行驶汽车总量为$Q=qt=pvt$。

当车流在A驶入时，车流流量为q_1，密度为p_1；在B驶出时，车流流量为q_2，密度为q_2。

在时长t时，当A地驶入车辆数大于B地驶出车辆数时，即$(q_1-q_2)\times t>(p_2-p_1)\times x$，就造成A地拥堵。

因此，避免A—B瓶颈路段带来拥堵的关键是：提高B地车辆的驶出量。

（3）B—C—D段拥堵原因分析。

B地的车辆流量又取决于B—C—D整段道路通行能力，而这段道路的通行能力又受车流方向的影响。

B—C—D段道路有2所学校，3个出口，以及若干家餐馆。高峰期时段，道路宽度仅能容一辆私家车单行通过。骑车的学生和骑电动车的家长只能与机动车共用车道。同时，自行车、电动车行驶方向并未限制，避开对面交汇的自行车、电动车，车辆会选择在车道中穿行，达到快速通过的目的。

（4）B—C—D拥堵模型建立。

狭窄的道路、临时占道的车辆、混乱的车流，大大降低车辆流出的速度，这就造成了两个局面。

①单位时间t内道路可通行的机动车辆数量减少。假设路段长x，车长l，为保证安全，前后两车间距≥0.5m，正常情况下，电动车与自行车不与机动车共道，单位时间t内可通行车辆为$\dfrac{x-l}{l+0.5}$辆。

当电动车和自行车与机动车共道，设电动车和自行车平均长度为i，进入的总数量为a，此时单位时间t内通行车辆为$\dfrac{x-ia-0.5a}{l+0.5}$辆。

由此可见，随着与机动车共道的电动车和自行车的总数量a的增加，单位时间内通过的机动车的数量会大幅度降低。

②同时，为保证安全的行驶距离，机动车刹车次数大大增加，而刹车带来的交通冲击波同样是让拥堵加剧的元凶。

这可用N-S模型解释，该模型是20世纪90年代由德国物理学家奈格尔和施莱肯伯格共同发展而成。它主要讨论的是，在理想状态的车道中，如车辆没有随机刹车，车流可均匀低速地快速通行；但当随机刹车出现，车流的匀速通行状态就会被破坏，车流的流出就会受到影响，当随机刹车增大，道路拥堵则会加剧。

如图41-2所示，我们可以把理想状态的道路想象成一条格子路，有车的位置格子是蓝色的，无车的位置格子是白色的。**在模型里，每辆车都有4个状态：前进、加速、减速和随机刹车。**

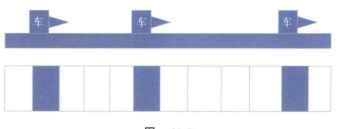

图　41-2

前进：当第i辆车的位置是x_i，以v_i匀速前行，下一个时刻它将出现在x_i+v_i的位置。

加速：当第i辆车的速度v_i未达到最大，则它的速度（设为d_i）可以增加至少1格，下一刻它将出现在$\min(v_i, d_i)$。

减速：当第i辆车的速度超过前方车辆（设为d_i），则v_i降低为d_i，避免和前车相撞的距离为$\min(v_i, d_i)$。

随机刹车：若第i辆车在运动，当速度恒定间距固定时，车流密度固定为p。当$p=0$的时候，司机都不会刹车，车子仅仅会前进、加速和减速，在稳定状态下车子都会一直往前走，所以不会产生拥堵。当密度增加到$\max p$，司机为提高安全性，将车速降低一格为$\min(v_i-1)$。随着刹车概率p的增加，司机们刹车概率增加，刹车事件就会越来越多，一旦刹车而引起减速，更多的车挤在一起，挤在一起的车发生刹车的概率越高，产生拥堵的时间也就越长。

因此，保证车辆在道路中通行顺畅最关键的一个因素就是减少可能造成随机刹车的机会。**将万寿路西街的路况和N—S理论进行匹配，我们可得以下结论：**

减少自行车、电动车共用车道；规范自行车、电动车车流方向，能有效降低随机刹车概率的发生。

（5）C点的堵塞。

经过A—B段拥堵的车辆到达C。在此地点，车流为A—B路段西向东方向的直行车辆，以及D—C东向西方向的直线到此左转进入无名路的车辆。

可由图41-3观察（这幅图是下午4点左右拍摄的），C点车道左右均有临时停靠车辆，路口狭窄仅容一车通过，虽然交通志愿者在此执勤协助，但直行车辆和左转车辆在此汇聚后，都需要刹车避让，才能继续行驶，故车道拥堵进一步加剧。

图 41-3

3. 原因总结

万寿路西街拥堵状况是路西拥堵，东路口通畅。拥堵产生的表面原因主要包括以下4点。

①高峰时段路西流入车辆超过流出车辆。

②高峰时段停车占道，道路变窄。

③电动车、自行车与机动车共用通行车道。

④无名路口直行车辆与转向车辆交汇，流出车辆受阻。

经分析后，发现这4点直指一个核心问题：车流方向。车流方向混乱直接导致交通流不畅，造成道路的拥堵。

模型求解

根据以上原因，如想解决拥堵，首要解决的核心问题就是：车流方向。建立最佳车流方向模型，减少不必要的随机刹车次数，提高车辆流通速度。下面我们通过编程来模拟。

算法思想：综合考虑周围道路，高峰时段统一规划区域多条街道，优化车流方向，减少可能车流交汇形成的节点，将复杂路况简单化。

思想依据：布雷斯谬论："在一个交通网络上简单增加一条路线，反而会使网络上的旅行时间增加，而且是使得所有出行者的旅行时间都增加，这条新增的路线非但没有提高交通的运作效率，反而降低了整个交通体系的服务水平。"

算法模型：状压，Floyd。

举例：我们可以把一个复杂的街区抽象成一个图。把单向通行和双向通行的道路想象成单向边和双向边，把每一个交叉路口想象成一个点，通过状压枚举每一个边单向或双向的情况，再通过Floyd算法判断各个点是否联通，相加每个点到另一个点的距离，比较求出最短距离，构建出最优通行路段，减少因车流混乱造成的交通拥堵问题。

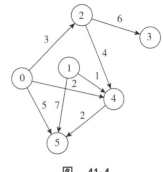

图   41-4

我使用CS Academy绘制了抽象图，如图41-4所示。

示例代码仅供参考，如图41-5所示。

```
#include<bits/stdc++.h>
using namespace std;
const int N=25;
double a[N],b[N],s[N],dis[N][N];//车流量,长度
int main(){
    int n,m,ans=2e9;
    scanf("%d%d",&n,&m);
    printf("%d",n+m);
    for(int i=1;i<=m;++i){
        scanf("%d%d",a+i,b+i);
        s[i]=a[i]/b[i];
        dis[a][b]=s[i];//算出费用
    }for(int i=0;i<(1<<m);++i){//状压
        int ans=0;
        memset(dis,0x3f,sizeof(dis));
        for(int i=1;i<=m;++i) dis[a][b]=s[i]=a[i]/b[i];
        for(int j=1;j<=m;+=j){
            if((i>>j)&1) dis[b[j]][a[j]]=dis[a[j]][b[j]]=dis[a[j]][b[j]]*2;
        }for(k=1;k<=n;k++) for(ii=1;ii<=n;ii++) for(j=1;j<=n;j++) dis[ii][j]=min(dis[ii][j],dis[ii][k]+dis[k][j]);
        int sum=0;
        bool f=0;
        for(int i=1;i<=n;++i){
            for(int j=i+1;j<=n;++j){
                if(dis[i][j]==0x3f3f3f3f){
                    f=1;
                    break;
                }
                sum+=dis[i][j];
            }
        }if(f==0) ans=min(ans,sum);
    }if(ans==2e9) cout<<"Error"<<endl;
    else cout<<ans<<endl;
    return 0;
}
```

图 41-5

模型结论

正如爱因斯坦所强调的,简单性是科学理论的一个重要特征。

根据上文及2020年1月份发表在美国《物理评论E》杂志上的一篇文章,由麻省理工学院数学系讲师阿斯兰卡西莫夫指出,堵车现象并不是单一原因造成,会出现在交通流的各个部分,就如同"事件穹限(即黑洞边缘)"一样。当发生堵车时,位于交通堵塞内外的司机都无法准确地得知对方区域的情况,他们为了快速通行,争夺道路空间或时间的资源,这反而使得路况更加复杂。

想改善拥堵,最重要的是合理利用和规划道路资源,让道路资源使用可以预估。其中最重要的一点就是,规划好交通流方向,减少不必要的道路资源争夺,进而减少拥堵的发生。

 **教师点评**

　　本探究从数学和算法两个角度对万寿路西街拥堵路况进行建模，提出建议，研究很深入，基础很扎实，分析清晰条理。碍于篇幅限制，飘杨同学仅对万寿路西街拥堵情况进行了建模分析，算法只是提供道路和通行的思路，接下来可以汇总更多数据，将方案具体化；也可以通过大数据处理信息，让建模方案适应性更好、更广。

成果 42	花样滑冰中旋转的秘密

龚玉冰

 **问题背景**

　　花样滑冰是一项集优雅与体育技巧于一身的观赏性体育运动。自从2022年北京冬奥会上观看了花样滑冰比赛之后，我就深深地喜欢上了这项运动，特别是对花样滑冰运动员能在冰上像鱼儿一样做出各种旋转、跳跃动作感到惊奇，尤其是运动员由慢突然加快旋转的动作优雅得像只白天鹅。在观赛过程中，我发现参赛运动员在进行直立旋转时，双手展开转速并不快，但当她们将手臂收回在身体两侧后转速会越来越快。为什么她们的旋转会突然变快？她们是怎么做到的？我要怎样才能像她们一样做到这个动作？后来我也报名开始学习花样滑冰，这个问题一直留在我的脑海中，我想找到这个问题的答案。

 **提出问题**

　　如何才能在花样滑冰中旋转得又稳又快？

⏰ 分析问题

通过上网查阅资料，我了解到花滑运动中的旋转涉及角动量守恒定理。角动量是描述物体绕某一轴旋转时的动量表现。角动量可以理解为物体旋转的某种"惯性"，它是一种具有大小和方向的物理量。角动量守恒定理是指在没有外力矩作用的情况下，一个物体或物体系统的总角动量保持不变。

📋 建立模型

角动量可用如下公式表示：

$$L=J\omega=mr^2\omega \quad ①$$

其中，L 表示质点的角动量。

m 表示一个有质量的点（称为质点），它的质量是 m。

r 表示以质点到旋转中心（轴心）的距离（可以理解为半径的大小）。

ω 表示质点围绕旋转中心（轴心）旋转时在单位时间内扫过的角度。

$J=mr^2$ 称为转动惯量，是表示质点绕轴转动时惯性的量度（惯性作为物体的一种固有属性，只与物体质量的大小有关，惯性大小的量值称为惯量）。

这个公式告诉我们，一个物体在水平面上绕一个轴旋转时，它的角动量大小（L）与物体的质量（m）、物体的旋转速度（ω）以及物体与旋转轴之间的距离（r）均有关。当它的值（L）保持不变，也就是说当 L 保持不变时，旋转速度（ω）只与物体的质量（m）、物体与旋转轴之间的距离（r）有关。

✍ 模型求解

花样滑冰旋转正是围绕以冰刀为支点的旋转轴发生的旋转运动，它同样遵循角动量守恒定理。根据上面的分析和公式①，可以推测出以下两个结论：

（1）在光滑的冰面上旋转起来时，若忽略摩擦力、空气阻力，那么初始的角动量可视为固定值。根据角动量守恒定理（公式①），初始手臂伸展时，转动惯量为 L；在手臂收紧时，就是将旋转半径 r 变小的过程，因转动惯量 L 不变，故角速度就会变大，所以运动员转得就越来越快。

（2）根据公式①，当保持同一姿势旋转，即r不变时，如果增大或减少运动员的体重即m的值，身体的旋转速度（ω）就会相应变慢或变快。

验证模型

刚才的两个推论是否正确？我结合自己最近新学的花样滑冰旋转动作进行验证。

1. 验证手臂伸展（r）对旋转速度（ω）的影响

（1）材料准备：旋转板。如图42-1所示。

（2）实验过程：我站在旋转板上，先张开双臂，扩大我的旋转半径r，此时r等于双臂伸展长度的一半。开始旋转，紧接着在旋转中将手臂收回，转速明显加快。扫描下面的二维码可以观看"视频三"。

图 42-1

（3）结论：旋转半径r变小时，旋转速度（ω）就会就变大，转得越快。但由于旋转板和地面之间的摩擦力等因素，最终旋转还是会停止。

2. 验证运动员体重（m）对旋转速度（ω）的影响

通常花样滑冰运动员的体重是不变的，但为了验证体重对速度的影响，我设计了增重包，使自己的初始体重（m）变大，在旋转过程中扔掉增重包减小体重，通过体重变小来验证对旋转速度的变化。

（1）材料准备：旋转板、计重器、背包、哑铃、抱枕和浴巾，如图42-2所示。

图 42-2

（2）实验过程：我把哑铃用抱枕和浴巾裹好并装到背包里（防止扔出时发出巨大噪音并减轻对地砖的破坏）。经测量，背包共重4.6kg。为了保持扔包时的动作不影响旋转半径r，我练习了很多次。最终我在旋转过程中尽量保持手臂不动，通过手指动作将背包丢下，我发现身体转速在包丢下后会提升，但不十分明显。扫描下面的二维码可以观看"视频四"。

（3）结论：人带背包总质量为52.6kg，扔掉背包（4.6kg），身体转速会提升，这说明质量减小，转动惯量保持不变时，转速会增大，但转速提升不是十分明显。仔细分析，背包（4.6kg）约为体重（48kg）的$\frac{1}{10}$，原因可能是质量减少得不明显所致，但仍能说明质量对转速是有影响的，至于具体影响还需要更精确的实验设计。

模型收获

以上验证让我知道了花样滑冰旋转快慢的秘密，让我了解了臂展和体重对旋转的影响，对我今后学习和掌握滑冰技巧很有帮助。

本次研究从发现问题到寻找规律进行验证，虽然遇到理论不容易看懂、实验考虑不充分以致砸坏家里地砖、作为初学者旋转技巧不足等困难，但基本完成并验证了旋转的秘密，达到了研究目的。具体来说，主要有以下几点收获。

（1）理论研究是实验的前提条件。一方面，通过理论研究可以了解前人的结论，避免走弯路；另一方面，理论研究越清楚，实验设计会更精细，实验的目标也会更明确。

（2）实验要考虑主要因素，可适当忽略一些次要因素。现实中影响花样滑冰旋转的因素还有很多，比如冰刀摩擦力、蹬冰速度及方向、手臂和腿的摆动幅度等，为取得实验效果，可适当忽略次要因素，但最终旋转还是会停止，这主要是摩擦力等次要因素影响的结果。

（3）实验条件要考虑周全。比如，验证背包减重实验的时候，由于考虑不周全，哑铃扔在地砖上砸坏了家里2块地砖，后来包裹上抱枕和浴巾，在地面铺上瑜伽垫才完成实验。这说明在做实验的时候要仔细考虑实验过程，尽量把可能发生的因素都考虑周全。

总之，通过这次实验探究，我更深入地认识到身边的一切都有规律可循。只要我们平时用心观察并进行思考，就一定会有不一样的收获和体验。

教师点评

本探究理论较深，难度较大，玉冰同学通过自主学习解决生活中困惑自己的问题，提升了自主学习的能力和克服困难的信心和勇气，这是最大的收获。其次，理论指导实践，提升了数学建模的能力、跨学科探究的能力。此模型在模型求解上还可以进一步分析。

成果 43 关于居民小区快递配送路线优化设计

王思源

问题背景

随着时代的发展，人们越来越习惯在网上购物，随之而来的快递业也蓬勃发展，快递量剧增。我看过一则报道，国际知名物流公司UPS研发了一款名为Orion的手持导航设备，可帮助驾驶员找到更合理的路线。一个UPS驾驶员每天少行驶1英里，所有驾驶员平均每年就可为公司节省5000万美元。不到一年时间，UPS就实现了节省150万加仑燃油、减少1.4万吨二氧化碳排放的目标。

　　◯　北京快递协会，UPS在美国推广道路优化导航系统，http://www.bjkdxh.00m/site/sit/rdxw/1544060529259.html.

提出问题

　　每天都有很多快递员穿梭在小区当中。受快递公司配送效率的要求，不少快递员甚至边跑边打电话，步履匆匆。因此，我就萌生了一个想法，是否能通过数学建模设计一条本小区快递员送货的科学路线，使其工作更加优质和高效。通过对本居民小区快递配送路线的研究，也可以为以后全市乃至全球更大范围的配送或运输最优路线设计奠定基础，从而实现人力资源和燃料等物资的高效使用。

分析问题

　　我了解到，小区快递配送受多方面因素影响，所以为了简化问题和研究，我们首先对其他因素进行假设：所有的快递员完成配送后都会返回站点，所有的楼宇都会被服务且只访问一次；没有生鲜和VIP客户等需要优先配送，没有客户要求将快递放入小区快递柜等需求；没有取件等工作需要额外的时间或因此改变配送路线；配送过程中可以一次性送完所有货物，不存在折返到站点取货现象。

建立模型

　　先对小区进行基本情况的统计及测量。小区共有8栋居民楼，平面图如图43-1所示。然后，我使用计步软件等，确定了每栋楼的楼型、楼层数及每层户数和，以及每栋楼与南门（站点）的距离，即1号楼和2号楼为板楼，每层10户，3号楼至8号楼为塔楼，每层8户。因此，结合每栋楼层数可以得出每栋楼的总户数，见表43-1。

图   43-1

表   43-1

楼栋	楼层数（层）	总户数（户）	快递量（个）	与南门（站点）的距离（m）	性价比（快递量÷距离）
1	13	130	65	148.5	0.44
2	13	130	65	71.5	0.91
3	17	136	68	88	0.77
4	15	120	60	85.25	0.7
5	18	144	72	110	0.65
6	16	128	64	93.5	0.68
7	17	136	68	42.9	1.59
8	18	144	72	46.2	1.56

　　根据每一栋楼的性价比核算，我们将性价比最高的7号楼（1.59）作为配送第一站，后续根据距离确定第二站是哪栋楼，以此类推，确定第三站、第四站……但是考虑到本小区的楼并不在一个平面上，即7号楼、3号楼、4号楼、6号楼在一个车辆不能行驶、主要供居民散步和孩童玩耍的平台上，上下平台只有两条固定的坡道，上下坡道需要花费的时间较多。因此，7号楼、3号楼、4号楼、6号楼应该视为一个点。所以将性价比第二的8号楼（1.56）作为配送第一站。

模型求解

第一站确定为8号楼，根据配送第一站为8号楼、平台上4栋楼一起送的原则，我对可能的配送路线进行了穷举。在研究过程中，我了解到，如果所给问题的规模和可能解的规模不是特别大，且变量的变化又遵循一定规律，比较适合使用穷举法。穷举法在解决初等数学的许多问题中都有应用。我还了解到，穷举法并非单纯地全部列举，在对过程的分析中可以跳过一些无意义的列举，因此，我将存在运输对流和迂回现象的路线去除，穷举了33条路线。我将穷举过程列成了思维导图，保证做到有序穷举，具体如图43-2所示。

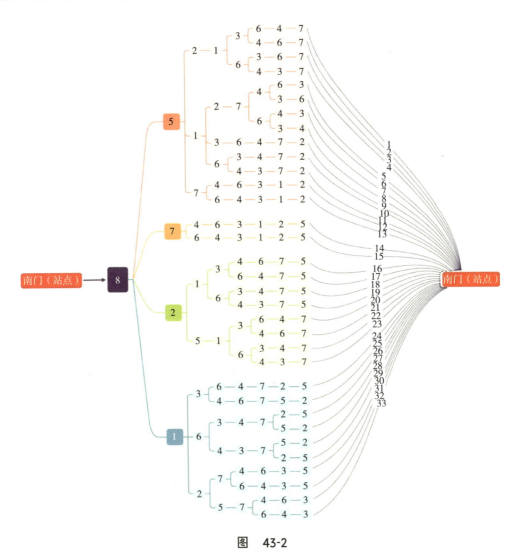

图 43-2

因为小区物业有着严格的管理要求，快递员车辆不得进入小区，快递员需要步行配送，所以我进行了楼宇之间的路途用时统计。我通过计步软件的步数统计功能，进行了每栋楼之间的步数统计，按照平均每步1s换算出每栋楼之间的路途用时，具体见表43-2。

表 43-2

楼—楼	步数	时长（min）
8—1	210	3.5
8—2	150	2.5
8—5	77	1.28
8—7	137	2.28
5—2	60	1
5—1	140	2.33
5—7	140	2.33
7—4	308	5.13
7—6	200	3.33

对楼内配送时间进行数据采集和统计。我按照快递员从第一层向上按层配送直至顶层的配送路线进行实际掐表测试，得知3号楼至8号楼每层楼上下电梯需要30s，每个快递需要10s左右完成配送，则每层需要40s完成配送；1号楼和2号楼每层上下电梯需要60s，每个快递需要20s时间。楼内配送数据见表43-3。

表 43-3

楼栋	楼层数	总户数	快递量	上下楼时间（min）	配送时间（min）	楼内配送总服务时间（min）
1	13层	130户	65个	12	21.67	33.67
2	13层	130户	65个	12	21.67	33.67
3	17层	136户	68个	8	11.33	19.33
4	15层	120户	60个	7	10	17
5	18层	144户	72个	8.5	12	20.5
6	16层	128户	64个	7.5	10.67	18.17
7	17层	136户	68个	8	11.33	19.33
8	18层	144户	72个	8.5	12	20.5

对楼内总配送时长进行统计。将楼与楼之间的用时和楼内配送用时一起，得

出完成某楼栋需要的总时长，具体见表43-4。

表 43-4

楼—楼	步数	时长（min）	楼内配送时间（min）	总时长（min）	快递量（个）	性价比（快递量/总时长）
8—1	210	3.5	33.67	37.17	65	1.75
8—2	150	2.5	33.67	36.17	65	1.79
8—5	77	1.28	20.5	21.78	72	3.31
8—7	135	2.28	19.33	21.61	68	3.15

利用穷举和以上数据，我们就要进行路线的筛选。结合该楼的快递量，计算快递量与总时长的性价比，从而进行路线的筛选。从表43-4可以看出，从8号楼出发后有4条路线的选择，分别是通往1号楼、2号楼、5号楼和7号楼。经过性价比的计算，可以看出完成8号楼的配送后，进行5号楼的配送性价比最高。因此，排除通往1号楼、2号楼和7号楼的路线。

使用同样的方法，接着确定完成5号楼的配送后的路线。从表43-5可以看出，通往7号楼的路线性价比最高。排除通往1号楼和2号楼的路线。

表 43-5

楼—楼	步数	时长（min）	楼内配送时间（min）	总时长（min）	快递量（个）	性价比（快递量/总时长）
5—2	60	1	33.67	34.67	65	1.87
5—1	140	2.33	33.67	36	65	1.81
5—7	140	2.33	19.33	21.66	68	3.14

同样再通过性价比的计算，确定完成7号楼后的路线。通过表43-6可见，通往6号楼的性价比最高。

表 43-6

楼—楼	步数	时长（min）	楼内配送时间（min）	总时长（min）	快递量（个）	性价比（快递量/总时长）
7—4	308	5.13	17	22.13	60	2.71
7—6	200	3.33	18.17	21.5	64	2.98

模型结论

综上，经过多次性价比运算，可以得出，南门（站点）—8号楼—5号楼—7号楼—6号楼—4号楼—3号楼—1号楼—2号楼—南门（站点）的路线，即图43-2中第13条路线是最优路线。

模型收获

通过计算得出最优路线后，我去访谈了对小区最熟悉的顺丰快递员。快递员说他的配送路线是先送8号楼，因为8号楼最近，然后送平台上的4栋楼，接着送1号楼和2号楼，最后送完5号楼后回到站点，即南门（站点）—8号楼—7号楼—4号楼—6号楼—3号楼—1号楼—2号楼—5号楼—南门（站点），为图43-2中的路线14。我将经过计算出来的最优路线告知快递员后，该快递员按照路线13进行了配送，发现按照新路线完成全程配送与原有路线相比，仅节省了0.43min。但是进一步对比分析发现，当新路线完成70%的快递配送，即完成对70%客户的服务时，用时为119.38min。而原有路线完成70%的快递配送用时为168.20min，节省了48.82min。产生这一现象的原因是居民小区楼与楼之间的路途较近，并不是影响配送服务的关键因素。1号楼和2号楼因为楼型原因产生的配送时间才是影响整体配送服务的关键因素。如果在更多楼宇、更远距离和更多快递的情况下，根据模型算法得出的新路线的优势将进一步显现出来。

我又将这一新路线告知了京东、中通、韵达等快递员，目前小区内的快递已经都实现了新路线的配送。我也将这一研究结果与小区的物业管理处进行了分享，获得了他们的肯定和好评。

教师点评

通过此次研究，思源同学的意志力和数学精神得到了很大的考验和增强。文中的数据、穷举等内容，没有耐心是无法完成的。作者的数学抽象、直观想象、逻辑推理、数学运算等数学核心素养得到了培养，在数学建模上也收获很大，进一步了解了数学建模，懂得了建模中一定要"有法可依"，做到每一步都有数据支撑。但也要考虑现实问题，不能纸上谈兵，两方面综合考虑方为良策。还懂得了当建模时遇到大量的数据，为了厘清数据之间的关系，得到更直观的体现，可以采用列表格的方法；在做穷举时，可以利用思维导图。访谈环节也提升了思源的沟通能力，知道根据问题如何有针对性地回答，把问题说得简单易懂。后续随着作者知识和能力的增长，希望能融入更多影响配送路线设计的硬约束和软约束条件，进行更为深入的研究。

成果44 2022 年北京冬奥主题的"心灵感应"魔术卡牌

卢濬峣

 **问题背景**

我家里有一套"心灵感应"魔术卡牌，我觉得很好玩儿，于是决定探究一下背后的数学原理。在了解之后，我又突发奇想，结合2022年北京冬奥会，亲自动手实践，制作了2022年北京冬奥会主题的"心灵感应"魔术卡牌。

提出问题

魔术卡牌背后的数学原理是什么？

 **分析问题**

通过查阅文献，我了解到二进制的基本原理，以及二进制数与十进制数的转

换关系和计算方法。同时，对魔术中的数学原理的探究也早有人做过，包括本项目涉及的"读心术"魔术卡牌、扑克牌"读心术"等，但只局限于数学原理本身，并未与人文、时政等元素相结合。

建立模型

"心灵感应"魔术卡牌的玩法如下：

（1）准备6张带有不同数字的魔术卡，如图44-1所示。

（2）把这6张卡交给一位观众，观众心中默想一个数"X"。

（3）观众从这6张卡中找出所有包含"X"的卡片，交给魔术师。

（4）魔术师立马就能告诉大家，观众心中想的数"X"是几。

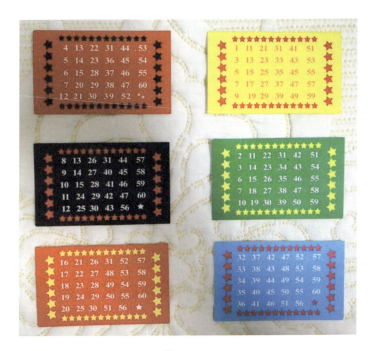

图　44-1

我非常喜欢这个魔术。经过仔细观察、请教家长以及上网查询，我知道了这个魔术卡牌的秘密：每张卡牌上的数，它们的二进制都包含了左上角数的二进制。我非常想深入了解魔术背后的"二进制"原理。由此，我就想：二进制与十进制之间的关系是什么呢？它们之间是如何转化的呢？我决定对这个问题进行研究和学习。在了解了它背后的数学原理后，我便试图用相同的原理，亲自动手实践，制作一套属于我自己的"心灵感应"魔术卡牌。我用绘制流程图的方式规划研究进程，流程图如图44-2所示。

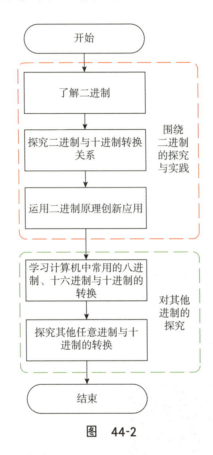

图　44-2

1679年，德国数理哲学大师莱布尼茨发明了"二进制"。十进制的原理是用0~9十个数字来表示，逢十进一；而二进制使用的只有两个数字0和1，逢二进一。二进制转换为十进制，方法是"按权展开求和"。该方法的具体步骤是先将二进制的数写成加权系数展开式，而后根据十进制的加法规则进行求和。十进制转换为二进制总体上是这个过程的逆运算，并且要分整数部分和小数部分分别转换，最后再组合到一起。

模型求解

根据卡牌的玩法，发现其中数字的计算规则，从而观察卡牌上数的特点和规律，进而挖掘出其中的数学原理。根据"心灵感应"魔术卡牌的玩法，通过仔细观察，发现这几张卡片的左上角的数分别是1，2，4，8，16，32，即2^0，2^1，2^2，2^3，2^4和2^5，它们分别对应着二进制编码中相应二进制位为1、其余二进制位为0的数。每张卡牌上的数看似毫无规律，实际上都符合二进制编码：卡牌第一个数所对应的二进制数位为1的数。因此，当选出所有包含指定数的卡牌时，这些卡牌的第一个数便指明了该数的二进制编码中为1的数位，从而只要将所选卡牌上的第一个数相加，结果即为选定的数。比如19的二进制为10011，则$19=2^4+2^1+2^0=16+2+1$，那么19就在左上角为16，2和1的那三张卡片上。这实际上就是二进制数与十进制数转换的基本原理。任何自然数都能分解为若干个2的整数次方的数之和。比如，表44-1列出了0~15这16个十进制数与其4位二进制数之间的对应关系，包含了以下3个例子：

$6=2^2+2^1=4+2$，6转换成二进制数应该是0110。

$9=2^3+2^0=8+1$，9转换成二进制数应该是1001。

$14=2^3+2^2+2^1=8+4+2$，14转换成二进制数应该是1110。

表 44-1

十进制	0	1	2	3
二进制	0000	0001	0010	0011
十进制	4	5	6	7
二进制	0100	0101	0110	0111
十进制	8	9	10	11
二进制	1000	1001	1010	1011
十进制	12	13	14	15
二进制	1100	1101	1110	1111

模型结论

故可得出"心灵感应"魔术的结论是：暗中将观众选出来的几张卡片的左上角数字相加就是观众心中想的数。看似简单，背后蕴藏着二进制数与十进制数之间的转换关系原理。

掌握了"心灵感应"魔术卡牌的数学原理后，运用该数学原理，将其应用于实践，结合实际、拓展领域，可亲自动手制作一套更为有趣的魔术卡牌。时值我国刚刚胜利举办了2022年北京冬奥会，我不妨就以这件事为题，制作一套2022年北京冬奥会主题的"心灵感应"魔术卡牌。2022年北京冬奥会共有91个国家及地区参赛。借助Excel电子表格，将参加2022年北京冬奥会的91个国家及地区的名称编号，并写明十进制编号对应的二进制编码，从而确定了每个国家及地区对应的卡牌。最后，按照设定排版、打印，制作了2022年北京冬奥会主题的"心灵感应"魔术卡牌。

图44-3是我用Excel电子表格为各个国家及地区编号的部分图示。如图所示，因为91的二进制值为1011011，所以需要7个二进制位，对应表格中的7个列，每列上面标注了相应二进制位对应的十进制数。每行为十进制数，以及其对应的二进制表达，其中0用黄色标注，1用绿色标注。由于需要7个二进制位，则需要制作7张卡牌，每张卡牌对应一个二进制位，其第一个数为相应二进制位对应的十进制数。然后，对于每个国家或地区，其对应的二进制表达中，哪一位上是1，它就出现在对应的那张卡牌上。这样，只要给出所有包含某个国家或地区的卡牌，实际上就指明了该国家或地区对应的所有二进制位，那么只要把卡牌上第一个数相加，其结果就是该国家或地区对应的编号，就能知道所选的是哪个国家或地区了。

	64	32	16	8	4	2	1	国家/地区
1	0	0	0	0	0	0	1	澳大利亚
2	0	0	0	0	0	1	0	科索沃
3	0	0	0	0	0	1	1	墨西哥
4	0	0	0	0	1	0	0	马达加斯加
5	0	0	0	0	1	0	1	尼日利亚
6	0	0	0	0	1	1	0	蒙古
7	0	0	0	0	1	1	1	罗马尼亚
8	0	0	0	1	0	0	0	希腊
9	0	0	0	1	0	0	1	瑞典
10	0	0	0	1	0	1	0	芬兰

图　44-3

图44-4是我根据上述表格制作的最终成品图。

自制冬奥会 "心灵感应" 魔术牌

1. 准备七张魔术卡，卡片上带有2022年冬奥会所有"参赛国/地区"名称。

2. 把这七张卡交给一位观众，观众心中默想一个"参赛国/地区"。

3. 观众从这七张卡中找出所有包含这个"参赛国/地区"的卡片，交给魔术师。魔术师立马就能告诉大家，观众心中想的是哪个"参赛国/地区"。

1 澳大利亚	3 墨西哥	5 尼日利亚	7 罗马尼亚	9 瑞典	11 东帝汶	13 以色列
15 摩纳哥	17 瑞士	19 哥伦比亚	21 北马其顿	23 乌克兰	25 波黑	27 圣马力诺
29 荷兰	31 爱沙尼亚	33 泰国	35 冰岛	37 葡萄牙	39 卢森堡	41 海地
43 拉脱维亚	45 俄罗斯奥林匹克队	47 波兰	49 日本	51 乌兹别克斯坦	53 波多黎各	55 列支敦士登
57 西班牙	59 沙特阿拉伯	61 阿根廷	63 特立尼达和多巴哥	65 美属维尔京群岛	67 加纳	69 克罗地亚
71 捷克	73 格鲁吉亚	75 法国	77 厄立特里亚	79 塞尔维亚	81 奥地利	83 印度
85 智利	87 德国	89 斯洛伐克	91 阿塞拜疆			

第一张牌　　　　　　　第二张牌

2 科索沃	3 墨西哥	6 蒙古	7 罗马尼亚	10 芬兰	11 东帝汶	14 新西兰
15 摩纳哥	18 马来西亚	19 哥伦比亚	22 韩国	23 乌克兰	26 厄瓜多尔	27 圣马力诺
30 意大利	31 爱沙尼亚	34 立陶宛	35 冰岛	38 中国	39 卢森堡	42 黑山
43 拉脱维亚	46 保加利亚	47 波兰	50 菲律宾	51 乌兹别克斯坦	54 亚美尼亚	55 列支敦士登
58 巴基斯坦	59 沙特阿拉伯	62 吉尔吉斯斯坦	63 特立尼达和多巴哥	66 摩洛哥	67 加纳	70 玻利维亚
71 捷克	74 丹麦	75 法国	78 白俄罗斯	79 塞尔维亚	82 中国香港	83 印度
86 加拿大	87 德国	90 安道尔	91 阿塞拜疆			

4 马达加斯加	5 尼日利亚	6 蒙古	7 罗马尼亚	12 伊朗	13 以色列	14 新西兰
15 摩纳哥	20 爱尔兰	21 北马其顿	22 韩国	23 乌克兰	28 挪威	29 荷兰
30 意大利	31 爱沙尼亚	36 巴西	37 葡萄牙	38 中国	39 卢森堡	44 比利时
45 俄罗斯奥林匹克队	46 保加利亚	47 波兰	52 马耳他	53 波多黎各	54 亚美尼亚	55 列支敦士登
60 秘鲁	61 阿根廷	62 吉尔吉斯斯坦	63 特立尼达和多巴哥	68 斯洛文尼亚	69 克罗地亚	70 玻利维亚
71 捷克	76 匈牙利	77 厄立特里亚	78 白俄罗斯	79 塞尔维亚	84 摩尔多瓦	85 智利
86 加拿大	87 德国					

第三张牌　　　　　　　第四张牌

图　44-4

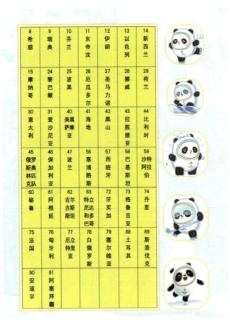

第五张牌

8 希腊	9 瑞典	10 芬兰	11 东帝汶	12 伊朗	13 以色列	14 新西兰
15 摩纳哥	24 黎巴嫩	25 波黑	26 尼瓜多尔	27 圣马力诺	28 挪威	29 荷兰
30 意大利	31 爱沙尼亚	40 美属萨摩亚	41 海地	42 黑山	43 拉脱维亚	44 比利时
45 俄罗斯奥林匹克队	46 保加利亚	47 波兰	56 塞浦路斯	57 西班牙	58 巴基斯坦	59 沙特阿拉伯
60 秘鲁	61 阿根廷	62 吉尔吉斯坦	72 特立尼达和多哥	73 牙买加	74 格鲁吉亚	74 丹麦
75 法国	76 匈牙利	77 厄立特里亚	78 白俄罗斯	79 塞尔维亚	88 土耳其	89 斯洛伐克
90 安道尔	91 阿塞拜疆					

第六张牌

16 中华台北	17 瑞士	18 马来西亚	19 哥伦比亚	20 爱尔兰	21 北马其顿	22 韩国
23 乌克兰	24 黎巴嫩	25 波黑	26 尼瓜多尔	27 圣马力诺	28 挪威	29 荷兰
30 意大利	31 爱沙尼亚	48 阿尔巴尼亚	49 日本	50 菲律宾	51 乌兹别克斯坦	52 马耳他
53 波多黎各	54 亚美尼亚	55 列支敦士登	56 塞浦路斯	57 西班牙	58 巴基斯坦	59 沙特阿拉伯
60 秘鲁	61 阿根廷	62 吉尔吉斯坦	63 特立尼达和多哥	80 哈萨克斯坦	81 奥地利	82 中国香港
83 印度	84 摩尔多瓦	85 智利	86 加拿大	87 德国	88 土耳其	89 斯洛伐克
90 安道尔	91 阿塞拜疆					

第七张牌

32 美国	33 泰国	34 立陶宛	35 冰岛	36 巴西	37 葡萄牙	38 中国
39 卢森堡	40 美属萨摩亚	41 海地	42 黑山	43 拉脱维亚	44 比利时	45 俄罗斯奥林匹克队
46 保加利亚	47 波兰	48 阿尔巴尼亚	49 日本	50 菲律宾	51 乌兹别克斯坦	52 马耳他
53 波多黎各	54 亚美尼亚	55 列支敦士登	56 塞浦路斯	57 西班牙	58 巴基斯坦	59 沙特阿拉伯
60 秘鲁	61 阿根廷	63 特立尼达和多哥				

第八张牌

64 英国	65 美属维尔京群岛	66 摩洛哥	67 加纳	68 斯洛文尼亚	69 克罗地亚	70 玻利维亚
71 捷克	72 牙买加	73 格鲁吉亚	74 丹麦	75 法国	76 匈牙利	77 厄立特里亚
78 白俄罗斯	79 塞尔维亚	80 哈萨克斯坦	81 奥地利	82 中国香港	83 印度	84 摩尔多瓦
85 智利	86 加拿大	87 德国	88 土耳其	89 斯洛伐克	90 安道尔	91 阿塞拜疆

图　44-4（续）

模型收获

通过学习"心灵感应"魔术卡牌的玩法，发现其中自然数计算的规律，进而探究了其背后的二进制数与十进制数之间的关系，并利用同样的计算原理，结合时事，创造性地自制了2022年北京冬奥会魔术卡牌。通过这次探究和实践，我对魔术卡牌背后的数学原理有了更深刻的理解。自己动手实践制作的卡牌，实现了新知识的灵活应用，让我受益匪浅，也更有纪念意义和教育意义。

教师点评

濬峣同学将二进制与十进制的转换原理真正运用到实践中，这不是枯燥的学习，而是玩中学、学中玩，非常有趣。

生活中还有很多与进制有关的场景，例如，60秒是1分钟，60分钟是1小时，这是60进制；24小时是1天，这是24进制；7天是1周，这是7进制。未来，还希望濬峣同学能够探究其他进制与十进制之间的转换关系，并且可以根据这样的原理设计更多好玩的小游戏。内容上，还可以拓展更多学科领域，如物理、化学、生物、历史、地理等，都可以制作相应的魔术卡牌。

生日相同背后的数学原理

张雨桐

问题背景

2022年9月15日，在和同学戴岳洋聊起生日的时候，惊讶地发现我们的生日离得非常近。在学校里，有时甚至会碰到有同学生日在同一天的情况。我非常好奇，出现生日相同的情况是否很常见。

提出问题

于是，我决定以50人的班级为研究对象，探索班级中有同学生日相同的情况出现的概率是多少？背后又存在哪些数学原理？

分析问题

首先，我们考虑一个简单的问题：在不知道生日信息的情况下，需要至少几名同学，才能保证其中有人生日在同一个月？

根据鸽巢原理（$n+1$只鸽子飞进n个鸽巢，总有一个鸽巢飞进2只鸽子）：需要至少13名同学，才能保证有2名同学生日在同一个月。类似地，在不考虑闰年的情况下，需要至少366名同学，才能保证有2名同学生日在同一天。

但是在实际生活中，往往在一个班级50名同学中就可能会出现有人生日在同一天的情况，并不需要366名同学。原因在于鸽巢原理考虑的是极限场景下的情况，即当有366名同学时，其中有人生日在同一天的概率为100%。而只有50名同学时，有人生日在同一天的概率又是多少呢？

建立模型

我们同样先考虑这个问题的简化版本，即有人生日在同一个月的概率是多少？再推广到有人生日在同一天的情况。

1.2个人生日在同一个月的概率

对于同学甲来说，他的生日是12个月中的任意一个月，同学乙的生日也是12个月中的任意一个月，那么两个人的生日可能出现的组合情况有144种，如图45-1所示。

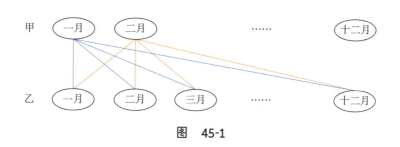

图 45-1

而两个人生日在同一个月的情况只有12种，即都在一月、二月、三月、……、十二月。所以，两个人生日在同一个月的概率为：

$$\frac{12}{12 \times 12} = \frac{1}{12} \approx 0.0833 = 8.3\%$$

2. 3个人中，有人生日在同一个月的概率

甲、乙、丙3个人的生日都可以是12个月中的任意一个月，那么3个人生日的组合情况如图45-2所示。

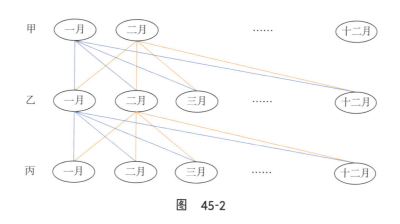

图 45-2

有人生日在同一个月的情况有2种：3个人中有2个人的生日在同一个月；3个人的生日都在同一个月。

（1）3个人中只有2个人的生日在同一个月。甲和乙的生日在同一个月，丙和甲、乙不同：那么甲和乙的生日可以都在一月、二月、三月、……、十二月，共12种情况，而丙的生日不能和甲乙在同一个月，所以丙只能选取和甲、乙不同的另外11个月中的任意一个月，3个人的生日组合情况共12×11种，如图45-3所示。

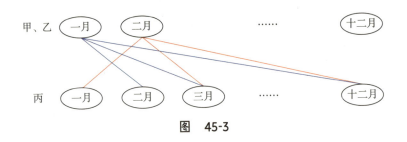

图　45-3

甲和丙的生日在同一个月，乙和甲、丙不同。

同上可知，此时3个人的生日组合情况共12×11种。

乙和丙的生日在同一个月，甲和乙丙不同。

同上可知，此时3个人的生日组合情况共12×11种。

（2）3个人的生日都在同一个月。3个人的生日在同一个月的情况只有12种，即都在一月、二月、三月、……、十二月。

所以，3个人中有人生日在同一个月的概率为：

$$\frac{12 \times 11 + 12 \times 11 + 12 \times 11 + 12}{12 \times 12 \times 12} = \frac{34}{12 \times 12} \approx 0.236 = 23.6\%$$

3. 4个人中，有人生日在同一个月的概率

4个人生日情况的组合有12×12×12×12种。

生日在同一个月的情况有3种：4人中有2人生日在同一个月；4人中有3个人生日在同一个月；4个人生日都在同一个月。

（1）4个人中有2个人的生日在同一个月。此时又可分为2种情况：其中有2个人的生日相同，剩余2个人的生日不同；其中有2个人的生日相同，剩余2个人的生日也相同。

其中有2个人的生日相同，剩余2个人的生日不同：

甲和乙的生日在同一个月，丙和丁的生日不同：共12×11×10种情况。

甲和丙的生日在同一个月，乙和丁的生日不同：共12×11×10种情况。

甲和丁的生日在同一个月，乙和丙的生日不同：共12×11×10种情况。

乙和丙的生日在同一个月，甲和丁的生日不同：共12×11×10种情况。

乙和丁的生日在同一个月，甲和丙的生日不同：共12×11×10种情况。

丙和丁的生日在同一个月，甲和乙的生日不同：共12×11×10种情况。

其中有2个人的生日相同，剩余2个人的生日也相同：

甲和乙的生日在同一个月，丙和丁的生日在另一个月：共12×11种情况。

甲和丙的生日在同一个月，乙和丁的生日在另一个月：共12×11种情况。

甲和丁的生日在同一个月，乙和丙的生日在另一个月：共12×11种情况。

所以，4个人中有2个人的生日在同一个月的情况一共有（12×11×10）×6+（12×11）×3=12×11×63种组合。

（2）4个人中有3个人的生日在同一个月。

甲、乙、丙的生日在同一个月，丁和三人不同：共12×11种组合。

甲、乙、丁的生日在同一个月，丙和三人不同：共12×11种组合。

甲、丙、丁的生日在同一个月，乙和三人不同：共12×11种组合。

乙、丙、丁的生日在同一个月，甲和三人不同：共12×11种组合。

所以，4个人中有3个人的生日在同一个月的情况一共有(12×11)×4种组合。

（3）4个人的生日都在同一个月：共12种组合。

所以，4个人中有人生日在同一个月的概率为：

$$\frac{12 \times 11 \times 63 + 12 \times 11 \times 4 + 12}{12 \times 12 \times 12 \times 12} = \frac{738}{12 \times 12 \times 12} \approx 0.427 = 42.7\%$$

4.5个人中，有人生日在同一个月的概率

类似地，我们可以按照上面的方法分情况列出所有可能的场景，但是随着人数的增加，可能的场景数变多，计算也变得复杂起来。此时我们可以考虑问题的反面，即5个人的生日都不在同一个月的概率，再用1减去这个概率，就可以得到5个人中有人生日在同一天的概率。我们先用上述3个场景来验证这种方法，再直接应用。2个人的生日在同一个月的概率：问题的反面即为2个人的生日不在同一个月，共12×11种情况，如图45-4所示。

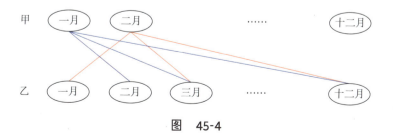

图　45-4

所以2个人的生日在同一月的概率为：

$$1 - \frac{12 \times 11}{12 \times 12} \approx 0.0833 = 8.3\%$$

$$\frac{12}{12 \times 12} = \frac{1}{12} \approx 0.0833 = 8.3\%$$

与前一种计算方法结果相同。

3个人中，生日在同一个月的概率：问题的反面即为3个人的生日都不在同一个月，共12×11×10种情况，如图45-5所示。

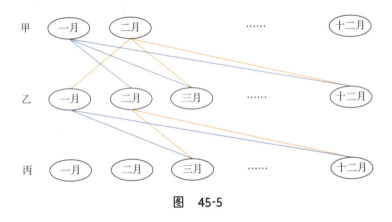

图　45-5

所以3个人中，有人生日在同一月的概率为：

$$1 - \frac{12 \times 11 \times 10}{12 \times 12 \times 12} \approx 0.236 = 23.6\%$$

$$\frac{12 \times 11 + 12 \times 11 + 12 \times 11 + 12}{12 \times 12 \times 12} = \frac{34}{12 \times 12} \approx 0.236 = 23.6\%$$

与前一种计算方法结果相同。

4个人中，生日在同一个月的概率：问题的反面即为4个人的生日都不在同一个月，共12×11×10×9种情况。所以4个人中，有人生日在同一月的概率为：

$$1 - \frac{12 \times 11 \times 10 \times 9}{12 \times 12 \times 12 \times 12} \approx 0.427 = 42.7\%$$

$$\frac{12 \times 11 \times 63 + 12 \times 11 \times 4 + 12}{12 \times 12 \times 12 \times 12} = \frac{738}{12 \times 12 \times 12} \approx 0.427 = 42.7\%$$

与前一种计算方法结果相同。

所以5个人中，有人生日在同一月的概率为：

$$1 - \frac{12 \times 11 \times 10 \times 9 \times 8}{12 \times 12 \times 12 \times 12 \times 12} \approx 0.618 = 61.8\%$$

模型求解

通过上述探究，我们已经掌握了生日在同一个月的概率的计算方法。类似地，我们可以直接计算出生日在同一天的概率。

2个人生日在同一天的概率为：

$$1 - \frac{365 \times 364}{365 \times 365} \approx 0.00274 = 0.274\%$$

3个人中有人生日在同一天的概率为：

$$1 - \frac{365 \times 364 \times 363}{365 \times 365 \times 365} \approx 0.00820 = 0.82\%$$

4个人中有人生日在同一天的概率为：

$$1 - \frac{365 \times 364 \times 363 \times 362}{365 \times 365 \times 365 \times 365} \approx 0.0164 = 1.64\%$$

5个人中有人生日在同一天的概率为：

$$1 - \frac{365 \times 364 \times 363 \times 362 \times 361}{365 \times 365 \times 365 \times 365 \times 365} \approx 0.0271 = 2.71\%$$

10个人中有人生日在同一天的概率为：

$$1 - \frac{365 \times 364 \times \cdots \times 356}{365^{10}} \approx 0.117 = 11.7\%$$

20个人中有人生日在同一天的概率为：

$$1 - \frac{365 \times 364 \times \cdots \times 346}{365^{20}} \approx 0.411 = 41.1\%$$

30个人中有人生日在同一天的概率为：

$$1 - \frac{365 \times 364 \times \cdots \times 336}{365^{30}} \approx 0.706 = 70.6\%$$

40个人中有人生日在同一天的概率为：

$$1 - \frac{365 \times 364 \times \cdots \times 326}{365^{40}} \approx 0.809 = 89.1\%$$

50个人中有人生日在同一天的概率为：

$$1 - \frac{365 \times 364 \times \cdots \times 316}{365^{50}} \approx 0.970 = 97.0\%$$

模型结论

通过上述分析可知，一个班级50名同学中出现有人生日相同的概率非常高，达到97%左右。

模型收获

实际班级中很少会有人生日相同。原因在于，我们日常生活中的班级人数较少，统计得到的结果可能与理论值不符。举个更容易理解的例子，我们都知道掷硬币时正面出现的概率和反面出现的概率相等，均为50%。但是当我们真的动手去掷硬币时，投掷的数量一定是有限的，统计出来的结果正面和反面出现的次数不一定相等。例如，当掷硬币的次数只有1次时，结果只能是正面或反面，但这并不代表另一种结果出现的概率是0。当投掷的次数无限多时，正面和反面出现次数的差距就会越来越小，概率值越来越接近50%。同样的，对于我们研究的生日问题，一个学校的班级人数是有限的，统计出的结果并不总是能和理论值完全一致。这也就解释了为什么生日问题中理论值如此之高，而实际生活中我们会觉得并不经常出现。

教师点评

生日，一个生命降临，让这个日子变得更加神圣而有意义。生日，赋予了生命太多的含义，是值得铭记的美好时光。雨桐同学对同月同日生这个现象产生了兴趣，学会用数学的思维思考世界，计算了同月同日生的概率，推理论证过程详细完善，反映出雨桐分析问题时清晰的逻辑思维。此外，在文章的末尾用投硬币的例子解释了概率的计算结果与人类感知存在差异的原因。用数学的眼光观察这个神奇的世界，发现生活的趣味，从而会发自内心地热爱生活。

成果 46

闰月中的数学问题

金书瑶

喜欢读科普书籍的我，在读《时间之问》这本书的时候，看到了关于闰月的内容后，感觉似懂非懂却又充满了好奇。

"19年7闰"到底是怎么回事？

分析问题

阴历的一年是月球绕地球一周的时间，而阳历的一年则是地球绕太阳一周的时间，如图46-1所示。

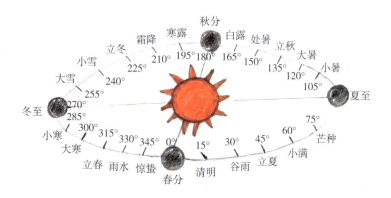

图 46-1

阴历一年12（月）×29.5（每月平均天数）=354（天），和阳历的一年差了
365-354=11（天），如图46-2所示。

图 46-2

建立模型

是否能通过数学建模直观地看出19年共计闰了几次呢？由于两个时间量分别
是年和月，因此我设置两个未知数来建立数学模型。

建模步骤一：假设m个阳历年（阳历年的精确时间总数为365.2422天）和n个
阴历月（精确时间总数为29.5306天）的总天数一样。

那么就有等式：$m \times 365.2422 = n \times 29.5306$。

在这个等式中，含有两个未知数，我们不能直接求出m和n，但可以求出它
们的比例：$\dfrac{m}{n} = \dfrac{29.5306}{365.2422}$。

建模步骤二：当$m=19$时，如何让等式里出现阳历年和阴历月相关联的数量
关系。

通过连分数求近似值的方法连续求出等式的近似值，具体步骤如图46-3所示。

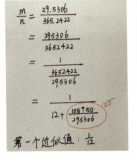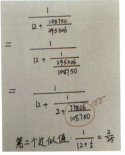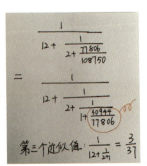

图 46-3

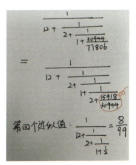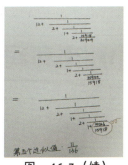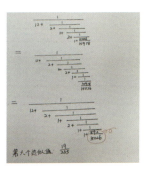

图 46-3（续）

模型结论

由此可见，求到第六个近似值时，$m=19$，终于出现了目标的阳历年个数，分母表示阴历月的数目，但是需直观看到的是分子中除了19个阳历年包括的月数，还要看到闰月多出来的月数，那么就把分母通过拆分变换形式得到：$\dfrac{19}{235}=\dfrac{19}{19\times12+7}$。

从分子中很明显地看出来，19个回归年中必须加7个闰月。

模型收获

通过建立阳历年和阴历月的算式关系进行建模，然后使用连分数和最小公倍数的知识计算得出：每隔19年，阳历和阴历的天数就能保持高度一致。

教师点评

书瑶同学在阅读课外书时，看到了"19年7闰"后，产生了好奇心，进行了深入探索。中国古代天文历法是人们在长期的实践生活中总结出来的宝贵财富。天文历法在古代国家事务中有着重要的地位，甚至关系到国家的繁荣衰败。例如二十四节气是我国农业生产的指南针。

在日常生活和学习中应该抱有积极的思考和探究精神，与此同时建议书瑶能够做到触类旁通，对古代更多的天文历法进行研学，形成更加专业、系统的知识网络。

成果 47　关于小超市利润的数学模型

杨季兴

 **问题背景**

春节前，我去家附近的小超市买年货时，发现人很少。因为科技和社会发展等因素，现在多数人都习惯在网上买东西，所以线下超市经营越来越不容易。为了应对电商的竞争与挑战，让小超市赢利，必须减少成本、增加收入，所以我决定建立一个小超市利润的数学模型，分析一下如何实现利润最大化。

 **提出问题**

如何让小超市利润最大化？

分析问题

建立小超市利润的数学模型，主要考虑成本与收入。经过查阅资料，我了解到成本分为固定成本和可变成本。固定成本是指无论销售的产品数量如何变化，这些成本始终存在且不受销量的影响，如房租、水电费、员工工资（如有）；可变成本是指随着销量变化而变化的成本，如商品采购成本，采购的商品越多，采购成本越高。另外，小超市的收入比较简单，即商品销量与单价的乘积。

综上，利润模型具体包括以下要素：固定成本 C，商品销量 x，商品售价 y，商品采购数量x'，商品采购价y'。

模型假设

（1）假设房租、水电费、员工工资等固定成本在一定时间内相对稳定，即C是一个常量。

（2）超市可能会存在自然损耗、被偷窃等情况，由于小超市进货量和经营面积有限，在建模中此类损耗忽略不计。

建立模型

根据上面的分析和假设，可知：

总利润=收入−成本

　　　=收入−（可变成本+固定成本）

　　　=$\sum$（每种商品售价×销量）−$\sum$（每种商品采购价×采购数量）−固定成本

用数学公式表示总利润为：

$$P = f(x, y, x', y') = \sum(x_1 y_1 + x_2 y_2 + \cdots + x_n y_n) - \sum(x_1' y_1' + x_2' y_2' + \cdots + x_n' y_n') - C。$$

一般超市销售的商品总量小于等于采购量，即$x \leqslant x'$。小超市因为小本经营且面积有限，一般会更注重库存管理，只有销量$x = x'$时，无积压无库存，利润最大，则公式简化为总利润$P = f(x, y, y') = \sum(x_1(y_1 - y_1') + x_2(y_2 - y_2') + \cdots + x_n(y_n - y_n') - C$。

模型求解

假设目前A超市每月固定成本为5000元，超市只卖3种零食，进货价均为6元/包，销售价均为10元/包。

我们利用盈亏平衡点做模型验证并作图，盈亏平衡点就是利润为零，即总收入等于总成本时的销量。即$P = f(x, y, y') = \sum (x_1(y_1 - y_1') + x_2(y_2 - y_2') + \cdots + x_n(y_n - y_n') - C = 0$。

代入以上已知条件：$f(x, y, y') = x_1(10 - 6) + x_2(10 - 6) + x_3(10 - 6) - 5000$，简化后得出$4(x_1 + x_2 + x_3) = 5000$，$x_1 + x_2 + x_3 = 1250$（包）。即当3种零食每月总销量达到1250包时，A超市达到盈亏平衡。超过1250包时可实现盈利。以上模型得以验证，具体如图47-1所示。

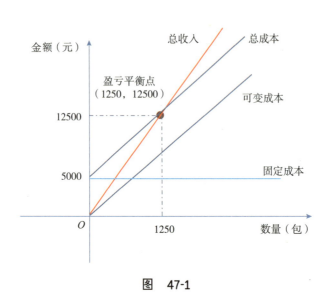

图 47-1

该模型的因变量和自变量之间是线性关系，且采购价和售价相对稳定，但在实际生活中可能会出现更复杂的情况，例如采购价和售价在一定条件下会发生波动，在这种情况下，模型是否有效？

（1）当小超市主要商品的销量不受季节变化影响时，如饼干，它的可变成本可能因为采购量增加而得到更低的采购价。例如买1000包饼干以内（不含1000）时，每包6元，超过1000包，每包降价0.1元，这样盈亏平衡点就从1250包变成1244包。

即$P = f(x, y, y') = \sum (x_1(y_1 - y_1') + x_2(y_2 - y_2') + \cdots + x_n(y_n - y_n') - C = 0$。

代入已知条件：$1000 \times (10 - 6) + x_2(10 - 5.9) - 5000 = 0$，简化后$4.1x_2 = 1000$，$x_2 = 244$（包），则盈亏平衡点为$x_1 + x_2 = 1244$（包），在这种情况下模型依然有效，如图47-2所示。

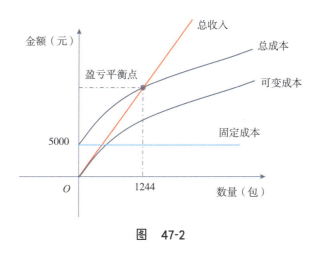

图　47-2

（2）当小超市主要商品的销量受季节变化影响时，如冰淇淋、饮料等，一方面会随着天气变化，顾客的需求量会明显不同，采购量甚至采购价格都会相应地发生变化、波动，如夏季采购量和销量会大幅增加，冬季会大幅减少；另一方面，售价也会产生波动，如临近秋季，冰淇淋为了加快流通，可能会出现促销优惠的情况，这样成本和收入的线性函数关系就会发生改变，需要根据实际情况对模型进行校正。

模型结论

根据此模型及图47-3可知。

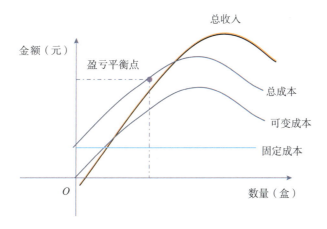

图　47-3

①因为需要覆盖固定成本，超过盈亏平衡点的销量后才会有利润。

②售价、销量与利润正相关，即售价越高，且销量越接近进货数量，越可能实现利润最大化。所以需要兼顾售价的合理性，如果太贵，可能销量下降；如果过于便宜，可能导致入不敷出。二者都会给利润最大化带来不利影响。

③采购价与利润负相关，在确保商品质量的前提下，尽量压低采购价。

如果要实现利润最大化，建议考虑以下措施：

①为确保销量接近进货量，需关注商品的供求关系。可以调查客户需求，集中资金，采购客户需求量大、热卖的商品，比如夏天的冰淇淋、饮料；少进甚至不进顾客不倾向在小超市购买的商品，比如小电器等；对米面油等，可以代有需要的老年人进货，提供送货到家服务，尽量减少库存，避免积压商品。

②压低采购价，比如进货渠道可以争取产地直采，减少成本，确保不高于同地区的同类超市。

③利用商铺租金下降的机会，压缩固定成本。

模型收获

通过这次探究，我对数学建模有了一个基本的了解，尽管这次模型比较简单，但也让我极大地认识到数学在分析实际问题中的指导作用，也让我考虑问题更加全面。

教师点评

尽管小超市利润问题在实际中会更复杂，跟它的地理位置、房屋租金、人流量、人们购买力等多重因素有关，建模会更复杂。抽丝剥茧，化繁为简，抓主要问题。在做了合理的假设之后，季兴同学做出了数学建模的一个初尝试，步骤完整，思路清晰，符号语言、图形语言表达流畅，对模型还有自己的反思和改进，是一次不错的自我挑战。